Toni Sailer / Sigi Bergmann

Sonntagskind

Toni Sailer

Sonntagskind

Das Leben eines
außergewöhnlichen Sportlers

Aufgezeichnet von Sigi Bergmann

Seifert Verlag

Umwelthinweis:

Dieses Buch und der Schutzumschlag wurden auf chlorfrei gebleichtem Papier gedruckt. Die Einschrumpffolie – zum Schutz vor Verschmutzung – ist aus umweltverträglichem und recyclingfähigem PE-Material.

1. Auflage

Umschlaggestaltung: Rubik Creative Supervision
Cover-Illustration: Seite 1: Foto Hans Trüol, Seite 4: Foto Skiclub Kitzbühel
Verlagslogo: Padhi Frieberger
Druck und Bindung: CPI Moravia Books GmbH, Austria
ISBN: 978-3-902406-57-6
Printed in Austria

Inhalt

Widmung

Wenn wir alles täten, wozu wir imstande sind,
würden wir uns wahrlich in Erstaunen versetzen!
(*Thomas A. Edison*)

In liebenden Gedanken
Deine Hedi

Sonntagskind?

Seit dem frühen Mittelalter glaubte man, dass ein »Sonntagskind«, also ein Mensch, der an diesem Wochentag geboren ist, besonders begabt und erfolgreich ist. Ein Glückspilz, dem alles auf Anhieb gelingt, der von allen geliebt wird und von dem alles Böse und alles Leid abprallt.

Toni Sailers Geburt fiel auf einen Sonntag. Es war der 17. November des Jahres 1935, »um die Mittagszeit, als von der nahen Stadt her die Kirchenglocken läuteten«. Und die Musikkapelle, deren Mitglied Anton Sailer sen. war, spielte dem Neuankömmling ein Ständchen, bis die Mutter um Ruhe bat, weil das Baby sonst nicht schlafen konnte.

»›Es ist etwas Besonderes, an einem Sonntag auf die Welt zu kommen!‹ Diese Worte meiner Mutter begleiteten mich durch mein Leben. Aber weil sie sehr darauf bedacht war, mich streng zu erziehen und auf keinen Fall zu verwöhnen, fürchtete sie vielleicht, ich könnte mich zu leichtfertig auf mein Glück als Sonntagskind verlassen. Deshalb fügte sie jedes Mal, wenn davon die Rede war, einen besonderen Satz hinzu, der mir als Kind noch lange Zeit rätselhaft blieb, später aber zu einer Richtlinie für mein Leben wurde: ›Man darf nicht bloß auf das Glück warten, bis es kommt. Man muss ihm entgegengehen!‹ – ›Entgegen*fahren*‹, setzte der Vater dann immer hinzu. Bei ihm bekam alles, was über das Alltägliche hinausging, einen Bezug zum Skifahren.«

Aber war Toni Sailer wirklich nur von Glück, Freude und Freunden umgeben, ein Strahlemann wie in seinem späteren Schauspielerleben, der lässig und elegant seine rund 180 Siege und 10 Goldmedaillen einsammelte? Sicher nicht!

Oder ist es denn reines Glück, wenn einer das Training mit völlig neuen, selbst entwickelten Methoden revolutioniert und seit seinem 12. Lebensjahr verbissen nur in eine Richtung robotet: olympisches Gold! Ist es reines Glück, wenn einer die heiß ersehnte olympische Goldmedaille im Riesentorlauf von Cortina mit 6,2 Sekunden (!) Vorsprung vor dem Zweitplatzierten gewinnt?

Toni Sailer war 20 Jahre und 84 Tage alt, als er sein Lebensziel, Olympiasieger zu werden, erreichte. Wer kann das schon in diesem frühen Alter von sich behaupten? Da hat bei den meisten Menschen der Lebenskampf noch nicht einmal richtig begonnen. Aber Toni Sailer überließ sich fortan nicht, wie es wohl so mancher 20-Jähriger getan hätte, glückstaumelnd dem süßen Leben, das außer Feiern nur noch den Abklatsch einer glorreichen Vergangenheit bietet. Toni Sailer gewann in der Folge weitere Goldmedaillen und Weltmeistertitel, wurde erfolgreicher Filmschauspieler und Sänger, technischer Direktor des Österreichischen Skiverbandes und hoher Funktionär der FIS, des Welt-Skiverbandes.

Jener Tag aber, an dem sein Lebensmärchen auf der Olympiastrecke von Cortina d'Ampezzo Wirklichkeit wurde, war wieder ein Sonntag: der 29. Januar 1956. Abergläubische mögen angesichts dieses Datums die Mitwirkung Fortunas beschwören, nur, das Glück der Sonntagsgeborenen ist bei Toni Sailer nicht auf seine sportlichen Leistungen gemünzt, sondern vielmehr darauf, dass er nach seinen

Triumphen nicht völlig den Boden der Realität unter seinen Füßen verloren hat.

Sicherlich brachten ihm seine Medaillen überschwänglichen Jubel von Seiten seiner österreichischen Landsleute, Ehrungen und Auszeichnungen sowie Scharen von Freunden, die ohnehin schon immer gewusst haben wollten, dass er der Beste sei. Aber solche Anbiederungen hasste er, denn ihm war klar, dass wahre Freunde, Sonntagskind hin oder her, in jedem Leben rar sind.

Diese Erfahrung musste der 20-jährige Olympiasieger z. B. mit zwei Kitzbühler Hoteliers machen, als er eine Pension bauen wollte und sich mit ihnen beriet, an wen er sich am besten wenden sollte, um einen EAB-Kredit zu bekommen: »Als ich zu dem besagtem Hofrat in Wien vorgelassen wurde, lächelte der, nannte mir zwei Namen und fragte, ob ich die beiden kenne. ›Natürlich‹, antwortete ich, ›das sind zwei Kitzbühler Freunde, die ebenfalls Kreditansuchen gestellt haben. Sie halfen mir, meine Formulare richtig auszufüllen.‹ – ›Und diese *Freunde*‹, so der Hofrat, ›sagten mir vor einigen Minuten hier, an dieser Stelle, wo Sie jetzt stehen: »Dem Sailer dürfen Sie keinesfalls einen Kredit geben, der kann den nie und nimmer zurückzahlen!«‹

Ich bekam den Kredit, fühlte mich aber, als hätte man mir mit einem Hammer auf den Kopf geschlagen. Wie konnten die beiden mich so verraten! Was ist das für eine Welt?«

Menschliches Versagen wie im Falle jener beiden »Freunde« aus Kitzbühel fiel bei Toni Sailer, als wir mit der Arbeit an diesem Buch begannen, längst in die Rubrik »kleine Probleme«. Sein eigentlicher Kreuzweg begann erst viel später. Und hätte ihn seine Frau Hedi nicht an der Hand durch diese Hölle geführt, wäre ich wohl schon vor Jahren am Grab meines Sportidols gestanden, anstatt mit ihm, wie es mir gegönnt war, über das Phänomen Toni Sailer zu diskutieren.

Toni Sailer war, mag es auch seltsam klingen, mein Muhammad Ali vom Hahnenkamm! Beide grandiosen Jahrhundertsportler, den unvergleichlichen Skiathleten und den Boxgiganten, verehre ich mit einer fast infantilen Liebe, und beide hatten nach ihren großen Sportkarrieren mit schwersten gesundheitlichen Problemen zu kämpfen.

Ist das die »dunkle Seite« eines »Sonntagskindes«, das »Gegengeschäft« mit dem Schicksal? Sind die Chemotherapien, die Toni Sailer über sich ergehen lassen musste, als sechs verschiedene Tumore in seinem Körper wüteten, die Kehrseite der Goldmedaillen? Wenn ja, kann ich nur sagen: Welch gnadenloses Schicksal, das mit der Federwaage misst und zuteilt!

Nach der Arbeit an diesem Buch musste ich auch meine bisherige Definition von »Heldentum« überdenken, denn Toni Sailer ist für mich nicht ein Held, weil er in den wichtigsten Skirennen seines Lebens (bis auf ein einziges) schneller zu Tal raste als alle anderen. Toni Sailer ist für mich ein Held, weil er die Prognosen, die seinen nahen Tod ankündigten, mit gleichmütiger Geste zur Seite schob: »Wir wissen nichts. Das war mir immer klar. Sich vor Krankheiten zu fürchten, wie es viele tun, die sich jeden Tag ängstigen, ist schade um die Zeit. Alle Menschen sind bis jetzt gestorben. Aber ich will nicht, dass meine Freunde traurig sind. Die Leidtragenden sind die, die einen lieben.«

Im Frühjahr 2004 erhielt Toni Sailer in einer Innsbrucker Klinik zum ersten Mal aus heiterem Himmel einen tödlichen Befund: »Sie leiden an einem Hypophysen-Tumor, Herr Sailer. Sie werden höchstens noch bis Weihnachten leben!«

Seine Frau erinnert sich: »Ich fragte den Professor: ›Gibt es eine wissenschaftlich Methode, diesen Tumor zu behandeln?‹ Er: ›Nein, gibt es nicht!‹ Darauf verließen wir das Zimmer. Draußen vor dem Lift lächelte mich Toni an und sagte: ›Weißt du, was, Wickerl? Jetzt fahren wir zum *Wilden Mann* hinauf und gehen gut essen!‹«

Dieses verflixte »Sonntagskind«! Um solcher Aussagen willen wenige Sekunden nach einem Todesurteil, verehre ich ihn mehr als für seine sieben Weltmeisterschaftstitel.

Die Behandlung begann: »Man legte ihn in eine tiefe Rinne auf dem Bestrahlungstisch, einen Eisenring um seinen Kopf, drehte links und rechts Schrauben bis an den Schädelknochen hinein, denn der Kopf musste millimetergenau fixiert werden. Die geringste Abweichung hätte Tonis Gehirn zerstört. Dann begann der Beschuss des Tumors.

Nach zehn Tagen kehrten wir nach Hause zurück.

Später fuhren wir nach St. Tropez, um uns von der Aufregung zu erholen. Es war wunderschön, und wir taten so, als sei Toni völlig gesund.«

Trotzdem erkrankte Toni Sailer noch fünf weitere Male an Krebs.

»›Wenn es eintritt, erfahren wir es noch früh genug‹, sagte er immer, ›aber ständig mit dem bedrückenden Todesgedanken zu leben, das machen wir sicher nicht!‹«

So feierte Toni Sailer am 24. Dezember 2004, als er eigentlich schon hätte tot sein müssen, zusammen mit seiner Familie den Heiligen Abend. Toni, Hedwig, die Söhne, ein geschmückter Baum und keine Spur von Todesangst.

Während Toni Sailer neben mir seine Erinnerungen durchforstet, schließe ich die Augen und sehe einen unglaublich jungen, drahtigen Burschen vor Glück strahlend auf den Schultern begeisterter Menschen. Es ist der 29. Januar 1956, jener Sonntag in Cortina. Diese Siege waren nicht bloß sportliche Meisterleitungen. Diese Siege waren für das kleine Österreich Meilensteine auf dem Weg in eine neue Zukunft. Jetzt durften wir sagen: Wir können auch im friedlichen Wettkampf siegen. Wir sind wieder vollwertiges Mitglied der Völkergemeinschaft.

Der »schwarze Blitz aus Kitz« verlieh uns eine neue Selbstsicherheit. »Sailer verkörpert die soziale, ökonomische und politische Erfolgsstory Österreichs. Er zeigt wie kein anderer österreichischer Sportler den Traum vom Aufstieg aus den Trümmern des Zweiten Weltkriegs zu Erfolg und Wohlstand«, sagt der Journalist Matthias Marschik.

Sailer war das Sportidol, das als Türöffner die Pforten zum österreichischen Wirtschaftswunder weit aufstieß. Aber es ging bei Sailers sportlichen Großtaten keineswegs nur um Geld, Wiederaufbau oder Fremdenverkehr, sondern um eine gewaltige moralische Aufrüstung. Bei den Verlierern des Zweiten Weltkriegs Deutschland und Österreich waren Sporthelden die »Schöpfer einer kollektiven Wiedergeburt«, weil man auf sein Land wieder uneingeschränkt stolz sein konnte. Für Österreich schaffte es Toni Sailer 1956 und 1958 mit drei olympischen Goldmedaillen und sieben Weltmeistertiteln, für Deutschland die Fußballnationalmannschaft mit ihrem Weltmeistertitel 1954 – das »Wunder von Bern«.

50.000 begeisterte, ja bis zum Toben enthemmte Fans stürmten am 12. Februar 1956 den Wiener Westbahnhof, als die »Helden von Cortina« mit dem Zug in die Bundeshauptstadt kamen, um dort von den höchsten Repräsentanten des Staates geehrt zu werden. Die Fachzeitung »Ski« prägte damals den Ausdruck »Sailerismus«.

»Vier Polizisten, die unsere Athleten vor dem drohenden Erdrückungstod aus Liebe retten wollten, wurden verletzt«, titelten am nächsten Tag die Zeitungen. Nirgendwo stand eine Zeile von jenem 18-jährigen Studenten, der humpelnd die Stätte dieses Triumphes verließ. In dem

Abbildung 1: *Die erste olympische Goldmedaille gewann Toni Sailer am Sonntag, dem 29. Januar 1956. (Foto Rieder)*

Menschengewühl war ich auf einen Polizisten geschleudert worden, der mich, Sigi Bergmann, volley mit einem Fußtritt in die Kehrseite empfing. Ich trug den großen, tiefblauen Fleck drei Wochen lang wie eine Auszeichnung. Fast bedauerte ich, dass ich ihn nicht präsentieren konnte. Trotzdem war ich an diesem kalten Februartag glücklich und stolz, ein Österreicher zu sein.

Da stehe ich, ein in den Hintern getretener Patriot, im krassen Gegensatz zur österreichischen Literatur-Nobelpreisträgerin Elfriede Jelinek, die sich in einem »Falter«-Interview im April 2003 als Sporthasserin deklarierte: »Ich bin eine offen Hassende. Die ganze Hasserei wäre nie passiert, wenn Deutschland durch die Fußball-WM 1954 und Österreich durch Toni Sailer 1956 nicht diese penetrante Unschuldigkeit gewonnen hätten.«

Hier holt die forsche Dame aus Wien Hütteldorf zu einem unkontrollierten Rundumschlag aus. Glaubt Frau Jelinek denn wirklich, dass ich und meine Altersgenossen mit Tonis Ski-Triumph die Gräuel des Holocaust und die Millionen Toten des Zweiten Weltkriegs übertünchen wollten? Hält sie uns für Vollidioten, wenn sie sagt: »Sicher ist so eine Leistung bewundernswert, aber gleichzeitig ist das mit einer unglaublichen Verachtung des Intellekts gekoppelt.« Ist es wirklich die Verachtung des Intellekts, die mich sportliche Höchstleistungen bewundern lässt?

Diesem Sporthass auf der einen Seite steht, als ein Beispiel von vielen, folgender Fanbrief an Toni Sailer gegenüber, den Rudolf Müllner in der Wiener Zeitung am 2. Februar 2001 zitierte: »Bevor Sie zum Abfahrtslauf angetreten sind, sind meine Mutti und ich in die Kirche gegangen und haben für Sie gebetet. Und wie wir gehört haben, dass Sie wiederum gesiegt haben, haben wir beide uns umarmt und geweint.«

Zweifellos beeinflussen sportliche Erfolge das politische Klima und die Verbundenheit der Menschen zu ihrem Land. Zweifellos wurde dieser Umstand auch in fragwürdiger Weise unter Hitler (Olympische Spiele 1936), zu

Zeiten der DDR, in der Sowjetunion (Olympia 1980) und in Peking (Olympia 2008) genutzt. Aber deshalb müssen Siege auf der Piste, in Fußballstadien oder im Boxring, die Millionen Menschen glücklich machen, noch lange nicht verwerflich sein.

Umfragen aus den Neunzigerjahren zeigen, dass die Österreicher einen sehr ausgeprägten Nationalstolz besitzen, viel stärker als Franzosen oder Schweizer. Und in diesen Zusammenhang gehört auch, dass 90 % meiner Landsleute besonders stolz auf die Leistungen im Sport sind. Der Sport ist bei ihnen damit klar an erster Stelle, noch vor Musik, Wissenschaft und Kunst. In meinem persönlichen Ranking würde ich die Wiener Philharmoniker ex aequo mit Toni Sailer auf Platz 1 stellen.

Und so ist Toni Sailer, der sich, als er bereits schwer erkrankt war, noch auf das Abenteuer dieses Buches eingelassen hat, ein Held, ein »Glücklichmacher«, der nach sechs tödlichen Diagnosen immer wieder den Weg zurück ins Leben gegangen ist und dieses ausgeschöpft hat bis zur Neige …

Kindheit

In der Provinz Trentino, gegenüber dem Ortler, dem höchsten Berg Südtirols, liegt »auf einer schmalen Felsleiste hoch über dem Tal ein Dorf, so nah an den Steilhängen, dass man Angst hat, es könnte in den Abgrund darunter stürzen.« Noch in seinen späten Jahren dachte Toni Sailer immer wieder an jene Reise über die Stilfser-Joch-Straße zurück, »als der Vater plötzlich den Wagen anhielt, mich fest an der Schulter fasste und sagte: ›Da oben, Toni, in Stilfs, sind die Sailer daheim.‹

Die Bauern, die da lebten, hatten es gewiss nicht leicht, gibt es doch in dieser Gegend kaum ein ebenes Stück Land. Aber die Menschen wurden stark, und das Leben verwöhnte sie nicht.

Von diesem abgelegenen Bergdorf Stilfs ist mein Großvater, Johann Sailer, als ihm der Platz zu eng wurde, nach Meran gezogen, um die Spenglerei zu erlernen, die bei den Sailerischen schon seit mehr als einem Jahrhundert zur Familientradition gehörte. Als er Meister geworden war, ging er auf Brautschau, stieg auf den Ritten und holte sich in Oberbozen seine Frau. Dann übernahm er das Spengler- und Glasergeschäft seines Onkels in Kufstein. Voll Stolz zeigte er mir einmal den kupfernen Adler auf dem Kriegerdenkmal in Landl, der eine Flügelspannweite von zwei Metern hat. Es war sein Meisterstück.

Der Großvater hielt vom Sport nicht viel und machte

seinem Sohn das Skifahren nicht leicht. Arbeit wäre für einen jungen Menschen besser, meinte er, und wenn der Vater sonntags mit den Bretteln ausrückte, nannte er ihn abschätzig einen ›Sportgackl‹. Im Grunde konnte er nie recht begreifen, dass man von seinem Enkel so viel Aufhebens machte, bloß weil er schneller von einem Schneehang herab kam als andere.

Die Großmutter war in dieser Hinsicht ganz anders. Sie freute sich, wenn ihr der Sohn eine Trophäe ins Haus brachte, und fand Gefallen daran, die Medaillen, Plaketten und Pokale von den Wettkämpfen auf Glanz herauszuputzen. Mir tut es leid, dass sie die goldenen Olympiamedaillen nicht mehr sehen konnte. Sie hätte vor Freude gestrahlt, nicht zuletzt deshalb, weil sie damit auch dem Großvater hätte zeigen können, was so ein goldener ›Sportgackl‹ wert war.

Im Jahre 1914 übersiedelte der Großvater mit seiner Werkstätte von Kufstein nach Kitzbühel. Er erwarb hier das Haus Bichlstraße 10, ein zweistöckiges Stadthaus, etwas außerhalb des Stadttores, ungefähr an der Stelle, wo die Gasse zum Hahnenkamm abzweigt. Ganz in der Nähe unseres Hauses wurde später die Talstation der Seilbahn errichtet, die auf den Hahnenkamm und zur berühmten Streif-Abfahrt führt. Zu meinen Lieblingsbeschäftigungen als kleines Kind zählte es, auf der Bank des Bahnwärterhauses zu sitzen, wenn der Zug eineinhalb Meter vor meiner Nase vorbei blies. Kaum ging der Schranken auf, lief ich schon hinüber zur Seilbahn, ›Wagerln schauen‹. Die Hahnenkammwagerln übten eine ungeheure Faszination auf mich aus.

Der Großvater entdeckte bald, welche Versuchung für Söhne und Enkel mit der Hahnenkammbahn verbunden war. Er hätte das Haus am liebsten wieder aufgepackt und anderswohin gebracht, an einen Ort, an dem nicht gerade die schönsten Skihänge in alle Fenster schauten.

In diesem Haus Bichlstraße 10 wurde ich am 17. November des Jahres 1935 geboren.«

Von klein auf war Toni Sailer ein stilles, introvertiertes Kind. Wenn die Eltern für den Jüngsten keine Zeit hatten, kümmerte sich die Großmutter um ihn: »Die Großmutter besaß drei Kühe, die sie täglich auf die Weide trieb. Damit ich nicht davonlaufen konnte, knüpfte sie mir ein Band an meinen rechten Fuß, und während die Kühe langsam dahintrotteten, führte sie mich an diesem langen Band einfach mit. Dann spielte ich dort neben den Kühen, und am Abend brachte sie mich wohlbehalten wieder nach Hause zurück.«

Als Toni vier Jahre alt war, 1939, musste der Vater einrücken: »Während der Kriegszeit führte die Mutter zu Hause das Regiment und kümmerte sich darum, dass wir einigermaßen unser Auskommen hatten. Es gab damals keine Heizung, und im Winter hingen wir oft wie die Trauben hinten und vorne an ihr, um noch irgendwas von ihr zu erhaschen, einen Arm, ein Bein, damit wir ein bisschen Wärme auf der Haut spürten und nicht mehr vor Kälte zitterten.«

Die Mutter war – Goldmedaillen und Weltmeistertitel hin oder her – der Mittelpunkt in der Ski-Familie. »Was sie mit uns nach schweren Skiverletzungen durchzumachen hatte, waren harte Prüfungen für eine Mutter, die, wenn einem ihrer Kinder etwas zugestoßen ist, mehr leidet als das Kind selbst. Aber sie ließ sich nie etwas anmerken, sondern pflegte uns mit Liebe und Hingabe wieder gesund. Sie kam jedoch niemals ganz aus ihren Sorgen heraus, denn sie wusste ja als gute Skifahrerin und Frau eines Rennläufers, dass jede Sekunde schon wieder die ›nächste Katastrophe‹ bringen konnte.

Abbildung 2: *Nach den beiden Töchtern Hilda und Rosl kam am 17. November 1935 Sonntagskind Anton Engelbert Sailer zur Welt. (Foto Archiv Toni Sailer)*

Aber es gab natürlich auch viele glückliche Augenblicke, regelrechte Familienfeiern. An einem Sonntagabend brachten wir zum Beispiel gleichzeitig vier Trophäen in das Haus. Der Vater hatte sich in Kössen, meine Schwester Rosl anderswo einen Pokal geholt. Hilda, die Älteste, hatte in Waidring beim Plattenkogellauf einen Sieg erkämpft, und ich bei einem Schülerwettkampf. Vier Sailer-Siege an einem Tag! Da saßen wir alle vier in der Küche um die Mutter herum, die mit dem Kochen kaum nachkam, so hungrig waren wir. Aber jeder wollte ihr zuerst von seinem Sieg erzählen. Als der Vater mit seinem Bericht zu Ende war, fielen wir drei Geschwister über sie her, und, um das Konzert voll zu machen, schrie auch Rudi, unser Jüngster, kräftig mit. Der konnte damals gerade erst auf den Bretteln stehen und erfocht seine Siege noch auf dem Schneehaufen hinter dem Hause. In solchen Stunden konnte die Mutter alle Sorgen und Ängste, die mit der Skifahrerei in das Haus gekommen waren, vergessen und sich ganz mit uns freuen.«

Doch Liebe, Güte und Menschlichkeit können keinen Schutz gegen das Schicksal bieten. 1943 stürzt der vierjährige Walter, Tonis jüngerer Bruder, vom Balkon des Hauses in den Tod. Auch die älteste Schwester Tonis, Hilda, stirbt in jungen Jahren. Mit diesen Tragödien fällt ein schwerer Schatten auf die Familie.

Aufgrund einer Verletzung wird Anton Sailer sen., der Vater, früher aus dem Krieg nach Kitzbühel zurückgebracht. »›Nur keinen Schuss in das Bein!‹, dieser Gedanke hatte ihn von Anfang an begleitet, ›denn dann wäre es mit dem Skifahren aus gewesen.‹ Und ausgerechnet das Bein wurde ihm durch einen Bombensplitter verletzt. Er glaubte, nun müsse er von seinen geliebten Bretteln Abschied nehmen. Aber der Splitter wurde entfernt. Die Wunde heilte. Und bald bestätigte sich am Vater, was später dann in unserer Familie beinahe zur Regel wurde: dass ein verletztes und gut ausgeheiltes Bein besser sein kann als ein gesundes.«

Der heimgekehrte Vater erzählte den Kindern jeden Sonntag nach dem Mittagessen Märchen: »Meine Lieblingsgeschichte war ›Der Wolf und die sieben Geißlein‹. In eine Stelle war ich richtig verliebt, die musste mir der Vater Dutzende Male wiederholen. Das war, als sich das kleinste Geißlein schlau im Uhrenschrank versteckte und daher vom Wolf nicht verschluckt wurde. Das faszinierte mich so, dass ich jedes Mal in Jubel ausbrach, vielleicht weil ich kleiner Stöpsel begriff, dass körperliche Größe allein nicht für eine Heldentat notwendig war.«

Ans Skifahren aber kam bei den Sailers keine Freizeitbeschäftigung, keine andere sportliche Betätigung heran. Nicht nur die Eltern, sondern auch Tonis Schwestern Hilda (geboren 1930) und Rosl (1931) fuhren ausgezeichnet, Rosl war sogar Olympiateilnehmerin 1952 in Oslo und erreichte dort im Slalom den 17. Platz:

»Das Skizeug lagerte man ab dem Frühjahr sorgsam auf dem Dachboden, und wenn es dann endlich wieder zu schneien begann, wurden die Bretteln und alle anderen Ski-Accessoires fast feierlich nach unten getragen und im großen Gang an der Wand aufgestellt. Oft legte ich die Skier von Vater und Schwestern andächtig auf den Boden und fuhr mit meinen kleinen Fingern den Konturen der Bindungen nach. Dann schlüpfte ich in Papas riesige Schuhe und schlurfte damit zur Freude der Mutter den Teppich auf und ab. Das war eben meine Art, als Einjähriger Ski zu fahren.

Aber nicht mehr lange, denn ich hatte ausspioniert, dass ich zu meinem zweiten Geburtstag eigene Skier bekommen würde. Und als es dann schon vor meinem Festtag wild zu schneien begann, bat ich meine Mutter inständig, mir die Ski doch sofort zu geben … und ich bekam sie! So stand ich zehn Tage vor meinem zweiten Geburtstag erstmals auf Skiern, noch dazu auf eigenen.«

Abbildung 3: *Zehn Tage vor seinem zweiten Geburtstag stand Toni erstmals auf Skiern. (Foto Skiclub Kitzbühel)*

Als Toni Sailer seine ersten Rutscher hinter dem Haus

machte, war er genau 720 Tage alt. Niemand hatte die Zeit, ihm dabei zu helfen, und so stellte er sich ganz allein auf die kleinen Bretteln. »Rauf und runter ging's dann über den Weg, und natürlich endete das Experiment recht häufig mit einem Sturz kopfüber in den Schnee. Kam zufällig jemand vorbei, blieb ich regungslos liegen und stellte mich tot. Und wenn er dann herbeilief und sich über mich beugte, um mir zu helfen, rief ich: ›Lassen Sie mich in Frieden! Verschwinden Sie!‹«

Schon sehr früh empfand Toni Sailer eine starke Abneigung gegen allzu großes Gehätschel und Getätschel seitens fremder Personen. Es war ihm lieber, wenn sie auf Distanz blieben. Diese leise Zurückhaltung im Umgang mit Menschen legte er auch in den späteren Jahren nicht ab, als er trotz seiner ungeheuren Popularität gesellschaftliche Zusammenkünfte und die viel beklatschten Prominentenauftritte stets eher als Pflicht denn als Neigung betrachtete.

Auch abseits der Skipiste sammelte der kleine Sailer Erfahrungen fürs Leben, wobei ihm die Erlebnisse mit seinem um fünf Jahre älteren Freund Fritz Huber besonders lebendig im Gedächtnis blieben:

»Einmal, ich war so drei Jahre alt, besuchte ich Fritz Huber während der Weihnachtsfeiertage und entdeckte auf seinem Christbaum eine kleine Figur mit einer Pfennigmünze. ›Das ist ein Geldscheißer‹, erhielt ich auf meine Frage zur Antwort. ›Wenn man so einen Geldscheißer hat, dann braucht man nie mehr zu arbeiten.‹ Das imponierte mir ungeheuer. Ich verstand zwar noch nicht viel von der Welt, aber dass man arbeiten musste, um damit Geld zu verdienen, fürs Essen und Anziehen, das wusste ich. Und nun hing dieses Wunderding am Christbaum meines Freundes. Mir blieb der Mund offen vor Staunen. Wie gut hatte es doch das Christkind mit den Hubers gemeint!«

Den Geldscheißer der Hubers kriegte Toni zwar nie zu

fassen, dafür aber brachte ihm Fritz beizeiten bei, dass man, um zu einem Christbaum zu gelangen, sich nicht unbedingt auf die Hilfe des Christkinds verlassen musste:

»Er fragte mich, ob ich mit ihm komme möchte, er müsse den Christbaum holen. Wir gingen in den Wald, ziemlich steil hinauf. Er trug eine Handsäge dabei und blickte immer suchend um sich, obwohl es schon stockdunkel war. Als ich ihn fragte, warum er so herumschaue, meinte er: ›Ich suche nach einem schönen Baum.‹ Ich war fassungslos, denn ich hatte gedacht, wir gingen zu einem Bauern, um den Christbaum zu holen. Als er einen passenden Baum gefunden hatte, zischte er mir zu: ›Du pass auf, dass niemand kommt!‹ Dann ließ er mich einfach in der Dunkelheit stehen und kletterte hinauf. Allein im Finstern packte mich wilde Angst, und als ich ein Rascheln vernahm, konnte ich nicht mehr an mich halten: ›Fritz, Fritz!‹, schrie ich verzweifelt. Es machte einen Kracher, und Fritz war herunten vom Baum und suchte das Weite. Ich rannte hinterher. So jagten wir in wilder Hast durch den Wald zurück, und mir dämmerte auf dieser Flucht, was er mit Christbaum-Holen gemeint hatte.«

Ein anderes Mal nahm ihn Fritz zum Skifahren mit. Von Kirchberg aus fuhr regelmäßig der Triebwagen zur Hahnenkammbahn und zurück. »Als wir jedoch am Bahnhof Kirchberg ankamen, um nach Hause zu fahren, war kein Zug mehr da. Fritz meinte: ›Macht nix, dann gehen wir halt zu Fuß.‹ Und das taten wir.

Ich stapfte mit meinen vier Jahren tapfer neben ihm her, von Kirchberg hinauf Richtung Seilbahn. Ungefähr in der Höhe von Klausen begann es plötzlich in meinem Bauch zu rumoren. Da ich aber in freier Natur noch nie mein großes Geschäft erledigt hatte, kümmerte ich mich nicht darum und marschierte weiter. Auf halbem Weg musste ich schließlich dem Drang nachgeben: ›Jetzt geht nichts mehr‹, dachte ich, und: ›Ich mach halt in die Hose.‹

Nach und nach vergrößerte ich den Sicherheitsabstand zu meinem Freund, und während ich dahintrottete, verlagerte sich alles in meiner Skihose nach unten und machte beim Gehen ›flatsch, flatsch‹. Als wir endlich zu Hause ankamen, rann mir schon alles unten bei den Schuhen heraus. Eilends verabschiedete ich mich von Fritz, stieg aus den Skiern, ließ Bretter und Stöcke liegen, wo sie waren, und rief nach meiner Mutter, die alles schon vom Balkon aus beobachtet hatte: ›Jetzt musst du mir helfen, weil es ist diesmal nicht alles so gut gegangen!‹

Sie dürfte die Bescherung schon geahnt haben, denn sie kam in ihren Oberschuhen mit Kannenwasser in einer Schüssel drinnen und fackelte nicht lange: Skihose und Unterhose runter, Schuhe weg und hinein stellte sie mich ins kalte Wasser. Daraus lernte ich, dass es ein Blödsinn ist, bis zum letzten Moment durchzuhalten und den Schneidigen zu spielen.«

Die nächste Station im Leben des kleinen Toni war der Kindergarten. Der allerdings blieb nur eine Episode:

»Im Kindergarten gefiel es mir am Beginn sehr gut – bis, ja bis wir zur Jause ein großes Glas Milch hingestellt bekamen mit der Aufforderung: ›Austrinken, das ist sehr gesund!‹ Da wusste ich, hier werde ich nie und nimmer bleiben, denn schon der Gedanke an Milch brachte mich fast zum Erbrechen. Nie hatte ich – auch nicht als Kleinkind – Milch getrunken. Für mich schmeckte Milch furchtbar, also musste ich abhauen oder mich verstecken.

Ich kroch unter den langen Speisetisch und legte mich ganz still hin. Sie riefen meinen Namen, immer hektischer, aber erst nach einer Stunde fanden sie mich.

Auch der zweite Fluchtversuch scheiterte. Ich wollte aus dem Fenster springen, aber das war vergittert.

Am nächsten Tag vor der Milchpause, die meisten Kinder spielten in einer anderen Saalecke, schlich ich wieder zur Tür und wollte mich verdrücken. – Zugesperrt!

Die Tür war in einen Gewölberaum eingepasst, aber nicht ganz bis zum Mauerbogen hinaufgezogen, sodass zwischen dem oberen Türrahmen und der Gewölberundung noch an die 25 Zentimeter frei waren. Das stellte mich dreijährigen Kletterkönig vor eine schwierige Aufgabe: Anlauf – Sprung auf eine Truhe – Sprung auf die Türschnalle –, mit einem leichten Satz bekam ich den oberen Türrahmen zu fassen, dann zog ich mich auf, zwängte mich durch diese 25 Zentimeter hohe Öffnung hindurch und sprang auf der anderen Seite hinunter. Mit einem leicht lädierten Knöchel verließ ich für immer und ewig den Kindergarten ... wegen eines Glases Milch pro Tag.«

Die Schule konnte Toni natürlich nicht mit einem einfachen Fluchtversuch abbrechen, auch wenn ihm vielleicht manchmal danach zumute war, denn am Anfang verlangte ihm der Lehrer einiges ab.

»Zunächst lernten wir uns vorzustellen, das war gar nicht so einfach. Mein Freund Hias Leitner – er gewann bei den Olympischen Spielen 1960 die Silbermedaille im Slalom – stellte sich zuerst vor:

›Also, griaß Gott, i bin der Hias Leitner.‹

Der Lehrer streng: ›Du heißt nicht Hias, sondern Matthias Leitner! – Wie heißt du?‹

Er: ›Matt Hias Leitner.‹

Der Lehrer brüllt: ›Wie?‹

›Matt Hias.‹

... und schon hatte er eine saftige Strafe.

Zu mir sagte der Lehrer dann in forschem Ton: ›Also, stell du dich richtig vor!‹

Ich stand auf: ›Mein Name ist Toni Sailer, ich bin am 17. November 1935 geboren.‹

Er, nach einem kurzen Blick ins Klassenbuch: ›Du kennst nicht einmal deinen Geburtstag! Du bist am 7. November geboren.‹

Ich: ›Nein, am 17. November.‹

Er (laut): ›Am 7. November!‹

Ich (leise): ›Stimmt nicht, am 17. November!‹

Er (brüllend): ›Am 7. November!‹

Ich (ganz leise): ›Am 17. November.‹

Die Strafe war gewaltig: Drei Tage musste ich zwei Tafeln (vorne und hinten) voll schreiben: ›Ich heiße Toni Sailer und bin am 7. November geboren.‹ Unten schrieb ich dann ganz klein dazu: ›Stimmt nicht, ich bin am 17. November geboren‹, was die Strafe um einen weiteren Tag verlängerte.

Erst als meine Mutter einschritt, sah der Lehrer, dass er ein falsches Geburtsdatum eingetragen hatte, und bot mir als Gegengeschäft an, eine Woche lang keine Hausübung zu machen. Ich nahm freudig an, denn ich konnte in der Zeit, die ich dadurch gewann, mehr Sport machen.«

Aber gerade dieser Sport war es, der den kleinen Sailer und einige gleichgesinnte Freunde, von diesem Lehrer, der ein richtiger Sporthasser war, so trennte. Er merkte, dass sie sozusagen zwei verschiedenen Religionen angehörten, und führte gegen ihn einen richtigen Glaubenskrieg:

»Immer wieder stellte er mich vor der gesamten Klasse einem Streber gegenüber, der noch dazu mit mir verwandt war, und machte mit uns eine Doppelprüfung.

Wenn ich die Antwort nicht wusste, blies der Cousin sie aus dem Effeff heraus. Darauf zeigte der Lehrer mit theatralischer Geste auf den Streber und sagte: ›Das ist ein Fleißiger, und der‹ – damit richtete er den Blick auf mich –

›der ist ein ganz Fauler. Der wird's einmal im Leben schwer haben.‹

Dieses Wissensduell gab es oft, einige Male wusste ich sogar die richtige Antwort, war aber zu stolz und zu stur, um sie als Erster hinauszutrompeten. Stattdessen dachte ich bei mir: Mein fleißiger Gegner ist ein Kameradschaftsschwein. Na ja, und ich bin zwar faul, aber du – und dabei dachte ich an den Lehrer – du bist ein Riesenarschloch!«

Es ist nicht verwunderlich, dass sich unter diesen Umständen Tonis Begeisterung für die Schule in Grenzen hielt:

»Ich verlor alle Lust am Lernen. Es war nicht Hass, aber ich dachte mir: Was soll ich denn in diese Hefte schreiben? Wozu, für wen? Mich interessiert das alles nicht. Wozu soll ich Zeichnungen von der Türkei oder Asien machen? Was soll ich da lernen von Caesar und Cleopatra, das ist mir doch vollkommen egal!

Ich kann mir vorstellen, dass eine solche Haltung für viele junge Menschen zur Gefährdung werden könnte. Ich hatte aber zwei kräftige Stützen: mein Elternhaus und meinen Sport!«

Aber schon bald braute sich eine weitere Bedrohung zusammen:

»Das erste Hauptschulzeugnis: Betragen 3, Fleiß 3 und noch ein paar hässliche Zahlen! Ich dachte: Das ist ja kein Problem, das unterschreib ich und bring es ihm wieder. Dann setzte ich mich hin, unterschrieb und brachte das Zeugnis am nächsten Tag dem Lehrer wieder zurück.

Dasselbe schlechte Zeugnis gab es am Ende der 1. Hauptschulklasse, und wiederum unterschrieb ich die schlechten Noten mit *Maria Sailer*.

Die Situation wurde immer enger. Trotzdem baute ich am Lügengebäude weiter und bestätigte als *Maria Sailer* das miserable Halbjahreszeugnis der 2. Hauptschulklasse.

Einen Tag, nachdem ich diese dritte ›Fälschung‹ dem

Lehrer wieder vorgelegt hatte, nahm meine Mutter mich an der Hand und fragte: ›Kriegst du denn nie ein Zeugnis?‹

›Ja, ja, doch‹, stammelte ich.

›Muss ich denn das nicht unterschreiben?‹

›Ich hab mir gedacht, du hast sowieso schon so viel Ärger, die Arbeit nehme ich dir ab.‹

›Du wirst es also nicht von mir unterschreiben lassen?‹

›Nein, das hab ich schon gemacht.‹

Ihr Blick verdüsterte sich: ›Ist es denn so schlecht?‹

›Wenn der Lehrer mich nicht mag, ist bei mir nichts zu holen!‹, gab ich zurück.

Jede Einzelheit dieses Gesprächs hat sich in mir eingeprägt. Ich sah förmlich, wie der Mutter der Zorn in die Schläfen stieg. Aber sie strafte mich nicht. Sie redete mir nur in das Gewissen. Es war die innigste Aussprache, die ich jemals mit ihr hatte.

›Es darf nichts vernachlässigt werden‹, erklärte sie. ›Entweder du bringst beides zusammen, oder du lässt eines bleiben, nämlich das Skifahren!‹

Ich versicherte ihr: ›Ich werde in den sauren Apfel beißen und alles wieder gut machen! Du brauchst in der Schule nie mehr Sorgen um mich zu haben, das versprech ich dir! Jetzt hab halt ich noch unterschrieben, das Sommerzeugnis aber kriegst dann nur du zur Unterschrift.‹

Im Sommer war ich schon Drittbester. Dann war ich nur noch Vorzugsschüler.

Auch die Handelsschule absolvierte ich mit Auszeichnung. Und bei der Gesellenprüfung für das Glaser- und Spenglergewerbe lieferte ich – laut Prüfungskommission – das beste Gesellenstück seit Jahren ab!

Das schöne Buch, das ich als Preis von der Innung erhielt, wurde mit der gleichen Freude aufgenommen, als hätte ich bei einer schwierigen Abfahrt den schönsten Pokal erkämpft.

Was ich heute noch an meiner Schulzeit großartig finde, war der ungeheure Zusammenhalt – heute würde man sagen, die Solidarität –, die es bei uns gegeben hat, weil es doch eine sehr durchmischte Schulklasse war, die ich besuchte: Kinder von Wohlhabenden, Bauern, Hotelbesitzern, Arbeitern, von ganz reichen und sehr armen Leuten. Da wollten wir, die aus einer finanziell stärkeren Schicht kamen, die Ärmeren unserer Klasse nicht bloßstellen. Damit die, die keinen Regenmantel und keine Schuhe hatten, nicht blöd und bloßfüßig als Außenseiter dastanden, gingen auch die Kinder wohlhabenderer Eltern barfuß und ohne schönen Regenmantel in die Schule. Mit einem Regenmantel zu kommen, wenn 60 bis 70 Prozent der Mitschüler keinen hatten, das hätten wir nie gemacht.

Daher spielte sich der Morgen bei uns folgendermaßen ab: Entweder ich packte nach dem Frühstück mein Schulzeug und war im nächsten Moment ohne Mantel und Schuhe verschwunden, nicht einmal die Gartentür machte ich auf, sondern ich sprang darüber und rannte in Richtung Schule, nachschreien wäre völlig zwecklos gewesen. War aber draußen ganz mieses Wetter mit Regen und Wind, und die Mutter befahl mir, Schuhe anzuziehen, und hängte mir den Mantel um, dann hieß es: Raus bei der Wohnungstüre, Mantel unter die Stiegen geschleudert, Socken und Schuhe hinterher, und schon lief ich los.

Nur wenn es schneite und die Straßen eisig waren, trug ich Schuhe und manchmal auch einen Mantel. Aber dabei hatte ich fast ein schlechtes Gewissen!

Natürlich wollte ich als sportwütiges Kind nicht nur im Skifahren glänzen, sondern auch in anderen Sportarten. Unter meinen vielen Versuchen möchte ich zwei hervorheben: Tennis und Fußball. Als ich acht Jahre alt war, war der Krieg noch in vollem Gange. Wir hatten weder Sportkleidung noch Schläger, Bälle oder Sportschuhe, nur ein unbändiges Verlangen nach sportlicher Betätigung, und das machte uns erfinderisch!

Es gab zwar einen Tennisplatz, aber schon das wichtigste Utensil – einen Schläger – konnten wir nicht auftreiben. Da gingen wir zu einem Wagnermeister und zeichneten ihm auf einem großen Blatt Papier auf, wie wir uns einen Tennisschläger vorstellten. Und nach dieser Zeichnung schnitt er uns mit einer Säge aus Brettern unsere Racket-Versionen heraus. Dann polierten wir diese abenteuerlichen Prototypen und zogen schon los. Die Bälle fanden wir, indem wir tagelang die Wiesen, Büsche und Mulden rund um den Tennisplatz durchforsteten und alle ganz abgespielten Nudeln und halb kaputten Bälle einsammelten. Immerhin gelang es uns, mit unseren wuchtigen Schlaggeräten diese Ball-Attrappen hin und her zu schießen. Eines Tages entdeckte dann einer von uns in einem Mistkübel einen alten Tennispracker aus den Zwanzigerjahren. Wir zogen ein ganz dünnes Elektrokabel ein – jetzt hatten wir erstmals ein Racket mit Bespannung. Herrlich! Ein richtiger Wunderschläger, und jeder von uns durfte eine genau abgestoppte Zeit damit trainieren. Auf diese Weise bekamen wir wenigstens ein bisschen Gefühl für diesen Sport … immerhin wurde ich Tiroler Schülermeister und mit einem Freund zweiter im Doppelbewerb.

Als wir so sieben, acht Jahre alt waren, entdeckten wir das Fußballspielen. Natürlich hatten wir auch keinen Fußball. Daher gingen wir zum Metzger, erbettelten von ihm 10, 20 Saublasen. Wir bliesen sie auf, banden sie ab – und spielten. Diese Blasen reichten für eine ganze Weile, und wenn die letzte Blase geplatzt war, hatten wir ohnehin die Zeit zum Spielen aufgebraucht.

Später gab es dann eine Schülermannschaft. Freunde überredeten mich, dieser Mannschaft beizutreten, weil ich mit Abstand der Schnellste war – nachgekommen ist mir keiner, weder in der Ebene noch bergauf oder bergab. Auch körperlich war ich sehr stark, im Stangenklettern, bei dem es ja auch auf Muskelkraft ankommt, schlug ich alle. Ich hatte nur einen Fehler: Ich war zu klein. Ich war zwar nicht der Allerkleinste in der Klasse, für mehr als zum Drittkleinsten hat es jedoch nie gereicht.

Als ich mich zum Fußballtraining meldete und der Trainer überlegte, mich ins Tor zu stellen, erschien mir meine mangelnde Körpergröße angesichts des riesigen Tores tatsächlich als ein Problem.

Zu Hause setzte ich mich hin und überlegte, was ich tun sollte. Plötzlich hatte ich eine Idee: Meine ältere Schwester Hilda hatte auf dem Dachboden wunderschöne, braune Kunsteislaufschuhe mit hohen Absätzen stehen. Da montierte ich, handwerklich geschickt war ich ja, heimlich die Eisen ab, schnitt das Leder über den Knöcheln ab, ging damit zum Schuster und bat ihn, mir die höchsten Stoppeln draufzumachen, die so ein Schuh und auch meine Knöcheln noch vertrugen. Mit flehender Stimme fügte ich hinzu: ›Bitte, bemühen Sie sich, denn ohne ganz hohe Stoppeln wirft mich die Mannschaft raus, weil ich viel zu klein für einen Tormann bin.‹

Als ich das erste Mal diese demolierten Eiskunstlaufschuhe mit den hohen Absätzen und langen Stoppeln anzog, kam ich mir tatsächlich wie ein Riese vor. Ich konnte bis zur Latte hinauf springen.

Aber Riesenstoppeln allein waren mir zu wenig, ich wollte mich auch der Hilfe von oben versichern. Und so ging ich fast jeden Tag in die Kirche und betete ein paar Vaterunser: Die Mutter Gottes, Jesus und Gottvater möchten mich doch bitte, bitte, endlich erhören, dass ich schnell und stark zu wachsen beginne. Die heiligen Göttlichkeiten könnten sich nämlich gar nicht vorstellen, wie schnell man aus einer Fußballmannschaft rausfliegt.

Darauf begann ich mit der Detailarbeit: Ich besaß keinen Dress, weil ich ja nicht in der Mannschaft war. Natürlich konnte ein Tormann nicht mit einer Lederhose in seinem Tor stehen. Ich benötigte eine besonders weiche Hose, damit ich mir bei meinen Paraden nicht ständig Oberschenkel und Hüften aufscheuerte.

Auf einem weiteren Raubzug durch unseren riesigen Dachboden wurde ich fündig: Ich förderte eine lilafarbene gefütterte Decke zutage, die hatte unsere Katze einmal vor Jahren mit ihrem Kot beschmutzt, und kein Mensch wollte sie mehr in der Wohnung sehen. Von dieser Decke schnitt ich mir die schönsten Teile heraus. Ich nahm an mir Maß, steckte mit einem Band alles um und schneiderte mir eine Tormannhose in Lila, Rot und Blau. Sie passte wie angegossen.

Meine Geheimwerkstatt – es durfte mich ja niemand bei dieser Arbeit sehen – war der Balkon im dritten Stock. Aus einem herrlich blauen Filzstoff machte ich mir Knieschützer, die olivgrünen Gamaschen meines Großvaters aus dem Ersten Weltkrieg wickelte ich mir anstelle der Fußballsocken und Knieschützer um die Unterschenkel, ein dunkelbrauner Tormannpullover, den meine Oma zum Skifahren getragen hatte, und eine weiße Kappe komplettierten meine herrliche Tormannausstattung.

Es gab vermutlich viel, viel bessere Torhüter als mich, aber sicher keinen farbenprächtigeren. Ich sah aus wie ein Farbklecks, der in diesem riesigen Tor rot, lila, olivgrün, königsblau und weiß glänzte.«

… aber der Skisport stellte alles in den Schatten!

»Ganz klar kristallisierte sich in meiner Kindheit schon heraus, dass der Ski-Sport alles andere beherrschen würde. Mein Vater fuhr hervorragend Ski, mein Onkel Sepp war österreichischer Meister im Skispringen, und auch meine Mutter, die aus dem benachbarten Kirchberg stammte, trug das Ihre zur Skibegeisterung bei, war sie doch – noch ehe sie einen Rennläufer heiratete – selbst Skifahrerin mit Leib und Seele. Als sie den Vater, der damals in der Glanzzeit seiner Erfolge stand, kennenlernte und die beiden heirateten, wurde es eine richtige ›Ehe auf Bretteln‹.

Wie jeder Kitzbühler, der es im Skilauf zu etwas gebracht hat, begann ich meine Karriere auf der Hinterbräuleiten, wo ich meinem Vater nachfuhr. Es folgten Ganslernhang, die Kaser, die Fleck und die Bassin. Ich war glückselig, wenn der Vater am Ende der Bassinabfahrt vom Walde abbog und im vollen Schuss über den Schanzentisch der Schattbergschanze sprang … erst später kam die Streif an die Reihe.

Jeder sportbegeisterte Bub, der in Kitzbühel aufwächst, hat in dieser Stadt und ihrer Umgebung alles, was das Herz begehrt, vor allem für den Winter. Skiwiesen aller Art, vom Anfängerhang bis zur gefürchteten Streif, Rodelbahnen, Eislaufplätze …

Bis zu meinem sechsten Lebensjahr ließ ich die Bretteln laufen, wie sie eben liefen. Der Vater gab sich alle Mühe, mir vernünftige Schwünge beizubringen. Ich aber hatte meine Freude, wenn die Bretteln mit mir taten, was sie wollten. Es konnte nicht steil genug, nicht schnell genug gehen, einerlei, wie es endete. Der Vater betrachtete mich als hoffnungslosen Fall und war nahe daran, mit mir völlig

Abbildung 4: *Am 14. Februar 1930 heiratete der in Meran geborene Anton Sailer die Kirchbergerin Maria Kals. (Foto Archiv Toni Sailer)*

die Geduld zu verlieren. Niemals würde sein Sohn, damals noch sein einziger, lernen, eine Piste ordentlich herunterzuschwingen.

Und plötzlich wurde alles ganz anders. Ich weiß nicht, aus welchem Grunde. Eines Tages schnallte ich die Bretteln an – Skier, aus denen meine Schwester Rosl drausgewachsen war. Ich stellte mich oben auf den Ganslernhang hin, blickte über den Hang hinunter, und – hatte Angst.

Ich sah, wie die anderen den Hang hinunterschossen, und blieb wie festgenagelt stehen. Ich traute mich nicht mehr, den Hang, über den ich im vergangenen Winter so stolz hinuntergeflitzt war, im Schuss zu nehmen. Ich wartete, bis mir niemand zuschaute, und fuhr dann schräg den Hang hinaus. Vielleicht lag es nur daran, dass ich zu den neuen Skiern kein Vertrauen hatte. Vielleicht lag es an mir selbst. Erst als ich dann im selben Winter einmal anständig gestürzt war, kam – so widerspruchsvoll es auch klingt! – mein Selbstvertrauen wieder. Ich war im schärfsten Schuss kopfüber in das tief eingeschnittene Bett des Ganslernbaches gefallen. Zu allem Unheil war der Bach zugefroren. Ich prallte mit dem Kopf auf hartes Eis. Kein Wunder, dass ich eine Weile lang nichts mehr von mir wusste.

Der Vater versuchte es darauf mit einer Radikalkur. Das beste Rezept, um aus· mir nach diesen üblen Erfahrungen noch einen brauchbaren Skifahrer zu machen, war seiner Ansicht nach, mich auf die Streif zu setzen. Das tat er denn auch. Und als ich das erste Mal als winziger Stöpsel vor der ›Mausefalle‹ stand, schoss ich ohne Zögern hinein. Die Angst war verflogen.

Unserer Mutter aber fuhr ich schon viel früher davon. Mit viereinhalb Jahren war ich mit ihr auf der Kaser-Abfahrtsstrecke unterwegs. Im unteren Streckendrittel wollte ich einfach nicht mehr weiter. Da verfiel sie plötzlich in den strengen Ton meines Vaters, hob den Skistock drohend hoch und rief: ›Jetzt fahrst!‹ Ich aber, der ich die Mutter in dieser ungewohnten Haltung vor mir sah, erschrak furchtbar, sprang um und schoss auf meinen kleinen roten Bretteln pfeilgerade den Hang hinab. Darüber erschrak nun die Mutter zu Tode. Sie hat es mir später immer wieder erzählt, mit welcher Angst sie hinter mir nachschoss, um das Schlimmste zu verhüten. Umsonst! Unten am Zaun überschlug ich mich. Nach einer langen Serie von Purzelbäumen landete ich in einer Schneewehe, aus der mich die Mutter mit beiden Händen ausgrub. Als sie mich gefunden hatte, küsste sie mich innig auf beide Wangen, und alles war wieder gut.«

Wenn Toni Sailer von seiner Kindheit und Jugend berichtete, nahm seine Stimme einen weicheren Klang an. Der Blick zurück ließ in ihm keine Bitterkeit oder Sentimentaliät aufkommen, sondern erfüllte ihn mit echter Freude, ja Dankbarkeit. Und immer wieder tauchten in seiner Erinnerung schon in den frühen Jahren Ski-Erlebnisse auf:

»Zu unserer unmittelbaren Nachbarschaft gehörte auch das Grand-Hotel mit seinem großen Park. Die Söhne des Besitzers Dr. Kofler, Florian und Toni, sind von der ersten Kindheit an meine Freunde geblieben. Kein Streich, kein Unternehmen, bei dem nicht die Koflerbuben dabei gewesen wären. In einem abgelegenen, steilen Winkel im Park des Grand-Hotels bauten wir uns als kleine Stöpsel die erste Sprungschanze und waren sehr stolz, wenn wir ein paar Meter in die Luft hopsten. Später trainierten wir in diesem Park ausgiebig Langlauf.

Die Skifahrer von damals waren viel universeller als heute. Einen Abfahrtsspezialisten, also einen, der nur in der Speed-Disziplin antritt, hätte man damals ausgelacht, denn die meisten Spitzenläufer waren zu meiner Zeit in

Abfahrt, Riesentorlauf und Slalom Weltklasse, der Super-G existierte noch nicht.

In den Dreißigerjahren gab es außerdem noch die Viererkombination: Abfahrt – Slalom – Langlauf und Springen. Wir fuhren dann die Dreier-Kombination (Abfahrt – Slalom – Springen). Eine Zeit lang trieb ich mich oft auf Sprungschanzen herum, war ich doch Neffe des österreichischen Meisters, ja, ich kokettierte sogar mit dem Gedanken, Skispringer zu werden. Mein weitester Sprung war 67 Meter, den habe ich in Bad Hofgastein gestanden, und einer meiner größten Konkurrenten in der Dreier-Kombination war Otto Leodolter, der sich später ganz aufs Springen verlegte und 1960 in Squaw Valley die olympische Bronzemedaille im Sprunglauf eroberte. Mein Vater überredete mich aber schließlich zum Alpin-Skilauf, und ich gab das Springen auf.

Mit ungefähr dreizehn Jahren fuhr ich meinem Vater das erste Mal auf der Streif davon. Es passte ihm gar nicht, dass der Sohn schneller fuhr als er selbst. Er schimpfte über den schlechten Schnee (als ob der Schnee für mich besser gewesen wäre!), dann gab er seinen Skiern die Schuld. Aber schließlich stellte er doch fest, dass er, der Vater, nicht schlechter gefahren war als sonst, dass vielmehr der Bub einfach schneller geworden war, schneller als er selbst.

Damals hatte ich schon begonnen, mein Unterbewusstsein täglich mit dem Satz zu programmieren: Ich werde Olympiasieger!

Aber zu Talent, Fleiß und Draufgängertum kommt noch eine nicht ungefährliche Emotion dazu, die Spitzensportler sozusagen als Antriebsmotor unbedingt brauchen: der Ehrgeiz!«

Toni lächelte an dieser Stelle, weil bei seinem ersten Sieg, den er im Alter von zehn Jahren beim Schüler-Skitag errungen hatte, auch Ehrgeiz im Spiel gewesen war:

Abbildung 5: *Mit elf Jahren erkämpfte und erweinte sich Toni beim 1. Kitzbüheler Jugendskitag 1946 den Sieg. (Foto Skiclub Kitzbühel)*

»Bei diesem Rennen habe ich meinen ersten Sieg nicht nur erkämpft, sondern auch erweint! Vor dem Start zum Abfahrtslauf war ich sehr nervös, schoss aber dann alle Passagen vom Start bis ins Ziel fehlerfrei durch und freute mich sehr, bis ich hörte, dass Horst Ebersberg die beste Zeit hatte.

Ich war natürlich deprimiert. Als ich aber erfuhr, dass er sogar gestürzt war, ergoss sich mein Ehrgeiz in eine Tränenflut. Denn dass ich bei einem fehlerfreien Lauf gegen einen verloren hatte, der mit einem Sturz durchs Ziel gekommen war, das konnte ich nicht fassen. Mein seelisches Elend bewog die Verantwortlichen, die Zeitprotokolle noch einmal zu überprüfen, und da entdeckte man einen Fehler … ich war rechtmäßiger Sieger.

Das war eine Form von gesundem Ehrgeiz. Aber dann gibt's noch den Fall von krankhaftem Ehrgeiz, der ist sehr gefährlich, und von diesem Ehrgeiz ist der Weg zum Fanatismus nicht mehr allzu weit entfernt. Fanatismus aber ist unkontrollierbar, rücksichtslos, brutal und hat im Sport nichts verloren!«

Wenn man Toni Sailers Schilderungen genau folgt, beginnt man allmählich, das Gedankengebäude eines solchen Athleten zu verstehen, das die Grundlage für seine herausragenden Leistungen ist. Diese Weltklasse-Skiläufer erweitern trotz Stürzen, Schmerzen, Verletzungen und Rückschlägen mit Härte, Trainingsfleiß und Ehrgeiz langsam ihre Möglichkeiten, sodass sie sich schließlich in einer Dimension bewegen, die wir gar nicht ermessen können. Wir sprechen darüber wie Blinde von der Farbe oder wie Dilettanten, die die Virtuosität eines Yehudi Menuhin auszuloten versuchen.

Der Galileo Galilei vom Hahnenkamm

»In unserer holzvertäfelten Stube, deren Fenster gegen die Streif ging, stand ein hoher Wandschrank, in dem der Vater, der in jüngeren Jahren ein guter Rennläufer war, seine Trophäen verwahrte. Wenn ich allein in der Stube war, schob ich mir den Stuhl heran, öffnete den Schrank und betrachtete neugierig die verschiedenen Plaketten, Medaillen und Pokale. Manchmal nahm der Vater das eine oder andere Stück heraus und begann mir davon zu erzählen. Obwohl er selbst eine unbändige Freude am Skilaufen hatte, beschrieb er die einzelnen Abfahrten oder Torläufe so nüchtern, als müsste er über ein Blechdach berichten. Ich hörte ihm dennoch begierig zu, und bald dämmerte mir, dass einer, der es auf Skiern zu etwas bringen wollte, sich nicht verspielen und vertändeln dürfe.

Als höchst erfolgreicher Skirennläufer und langjähriger Sportwart hatte mein Vater im Kitzbühler Skiclub ein gewichtiges Wort mitzureden. Manches, was später für den Skilauf in Kitzbühel bedeutsam wurde, wurde bei uns in der Stube zum ersten Mal besprochen. Ich saß im Winkel und spitzte die Ohren, besonders wenn einer der Anwesenden dramatische Szenen aus einem Wettlauf beschrieb. So begriff ich, schon bevor ich eigentlich dazugehörte, worauf es bei Wettkämpfen ankam.

Als ich das erste Mal auf Skiern stand, betrachtete mich mein Vater, wie er mir später einmal gestand, ziemlich misstrauisch. Er hegte wenig Hoffnung, dass aus mir einmal etwas Richtiges würde. Meine Haltung gefiel ihm gar nicht, ich hatte nach seiner Ansicht zu viel Rücklage. Wie sehr er sich auch bemühte – es war alles umsonst. Verzweifelt gab er auf und verzichtete darauf, mich vor jedem Hinunterrutschen richtig auf die Skier zu stellen. Aber plötzlich, im Winter darauf, hielt ich mich ganz richtig auf den Bretteln. Und dann ging's los:

Ich begann dem Vater nachzufahren, auf der Hinterbräuleiten, am Ganslernhang, über die ›Kaser‹, die ›Fleck‹ und die ›Bassin‹, und war selig, wenn er am Ende der Bassinabfahrt vom Walde abbog und in vollem Schuss über den Schanzentisch der Schattbergschanze sprang. Bei all dem wusste er immer, wie weit meine Freude am Skilauf reichte,

Abbildung 6: *Eine gediegene Grundausbildung im Skifahren bekam Toni von seinem Vater, der selbst ein guter Rennläufer war. (Foto Skiclub Kitzbühel)*

und dass gerade diese Freude das Wichtigste auch für den Wettkampf bleiben muss. Wer mit allzu großem Ehrgeiz an den Start geht und mit verbissenem Ernst drauflos fährt, verkrampft sich leicht. Irgendwo in einem Winkel deiner Seele muss selbst in der schärfsten Konkurrenz die Freude am Skilauf erhalten bleiben. Erst diese Freude macht eine vereiste Höllenstrecke wie die Tofana noch erträglich und mobilisiert im Wettkämpfer jene Kräfte, die man für den Sieg braucht. Ich rechne es daher meinem Vater hoch an, dass er mir die Freude am Skilauf immer erhalten, ja sie noch gesteigert hat.

Als ich sechs Jahre alt war, fuhr er mit mir erstmals die Streif ab. Er steckte mir Tannenzweige in den Schnee, und genau dort, wo das Zweiglein steckte, musste ich meinen Schwung ansetzen. Stück für Stück arbeitete Vater sich mit mir herunter, und er legte dabei die gleiche Akribie an den Tag wie zu Hause bei der Arbeit in seiner Werkstatt. Ich erinnere mich, dass ich mit meinem Vater an einem einzigen Tag elfmal die Streif hinunter bin. Das war mehr, als wären wir vom Mount Everest abgefahren.

Von der Kitzbühler Klubmeisterschaft am 21. März 1948, an der ich mit allen großen Läufern starten durfte, obwohl ich nicht einmal dreizehn Jahre alt war, gibt es eine Urkunde, worin bescheinigt wird, dass ich in diesem Wettkampf den 15. Platz erreichte. Rechts unten auf der Urkunde hat sich der Präsident des K. S. C. verewigt. Links steht: ›Der Sportwart: Anton Sailer sen.‹ Dass der Vater zum ersten Mal hinter seinen Namen das ›Senior‹ setzen musste, bedeutete für ihn, dass man künftig unter Wettläufern mit dem ›Sailer Toni‹ den Sohn, nicht mehr den Vater meinte. Er überließ mir gewissermaßen die Nachfolge, ohne dass darüber viel gesprochen worden wäre.«

Vor diesem Hintergrund wundert es einen nicht, dass der Gedanke an eine olympische Goldmedaille schon sehr früh in Toni heranreifte: Seit seinem zwölften Lebensjahr baute er seinen Lebenswunsch auf drei Worten auf: »Ich werde Olympiasieger!« Tag für Tag bombardierte er sein Unterbewusstsein mit denselben Sätzen: »Ich werde Olympiasieger. Ich schaffe es sicher, Olympiasieger zu werden! Ich gewinne eine olympische Goldmedaille!« Niemand, nicht einmal die Eltern, hätten ihm dies ausreden können: »Ich wäre von Kitzbühel weggezogen, denn ich hätte dieses große Ziel meines Lebens nie aufgegeben.«

Heute weiß man aus dem Spitzensport, dass viele Athleten die Macht ihres Unterbewusstseins für sich nutzen. Der österreichische Skispringer Baldur Preiml (olympische Bronzemedaille 1968) arbeitete später als Trainer mit sensationellen Erfolgen, weil er zusätzlich zu den körperlichen und skisprungtechnischen Übungen auch versuchte, das Unterbewusstsein seiner Athleten auf Stärke und Siegeswillen hin auszurichten.

Als der 12-jährige Toni Sailer mit seiner »Olympiasieger-Gebetsmühle« begann, war Baldur Preiml ein achtjähriger Volksschüler, und keiner der beiden hätte über das Unterbewusstsein etwas zu berichten gewusst. Sie kannten wohl nicht einmal den Wortgebrauch, geschweige denn, dass sie geahnt hätten, wozu dieses Unterbewusstsein imstande war. Da steckten keine psychologischen Überlegungen dahinter, sondern einzig und allein der bedingungslose Wille, aus dem er auch die Motivation schöpfte, wenn er im Training müde wurde. Dazu kam bei Toni Sailer, dass der Vater eine besondere Art hatte, den Kampfgeist des Sohnes in die richtige Bahn zu lenken:

»So nebenbei sagte er am Tisch: ›Den Abfahrtslauf morgen wird wohl der Hinterseer Ernstl gewinnen oder der Huber Fritz.‹ Da wusste ich schon, was das bedeuten sollte, und richtete mich darauf ein, dass am nächsten Tage weder der Ernstl noch der Fritz oder gar der Anderl Erster werden durfte.

Er verstand es auch, uns immer einsatzbereit zu halten: Meine Schwester Rosl, vier Jahre älter als ich, war zur damaligen Zeit eine der besten Abfahrtsläuferinnen. Aber sie war vor kurzem als Verkäuferin in einem Lebensmittelgeschäft eingetreten, nahm ihre Aufgabe sehr ernst und lehnte es ab, beim Hahnenkammrennen zu starten. ›Entweder das eine oder das andere‹, erklärte sie daheim.

Der Vater aber ließ dieses Wort nicht gelten und ging, ohne Rosl etwas davon zu sagen, zum Chef der Firma, in der sie beschäftigt war, um sie für ein paar Stunden freizubitten. Der Chef willigte gerne ein.

›Da sind deine Ski, und jetzt komm!‹, mit diesen Worten holte der Vater Rosl dann aus dem Geschäft, und ehe sie noch so recht begriff, was geschah, befand sie sich schon in der Seilbahngondel. Nach einer kurzen Übungsphase dirigierte sie der Vater über die Streif hinunter und wieder zur Seilbahn. Rosl kam gerade zum Start zurecht und wurde im Damenabfahrtslauf vom Hahnenkamm Erste. Nachmittags stand sie wieder im Geschäft und verkaufte Essiggurken und Makkaroni oder sonst etwas.«

Anschaulich zeigt diese Episode, dass Skirennen zu fahren früher als bloße Freizeitaktivität angesehen wurde. Erst später erkannte man, dass Profisport eine Ganzjahres-Beschäftigung ist, dass Weltklasse-Skifahrer auch im Frühjahr und Sommer trainieren müssen. Ein solcher Standpunkt war in der Amateurgesellschaft der Fünfzigerjahre fast anrüchig! »Warum trainieren die im Sommer für das bisschen Herumrutschen im Winter? Haben die denn keine Arbeit?«, dachten sich die Kitzbühler Bürger.

»Die Leute hätten uns für verrückt und arbeitsscheu gehalten, wenn wir im Trainingsanzug durch Kitzbühel gelaufen wären«, schilderte Toni Sailer die damaligen Verhältnisse. »Deshalb trainierten wir heimlich. Wir arbeiteten sogar in ›Kostümen‹: Ich war Spengler, zog also mein Arbeitsgewand an, hängte mir eine Leiter auf die linke Schulter, trug in der rechten Hand einen Kübel und marschierte so durch die Stadt.«

Und der Kitzbühler Bauernbub und Slalom-Olympiasieger von 1960 Ernstl Hinterseer meinte im Rückblick: »Wir hatten zwar in Kitzbühel das große Glück, die Hahnenkamm-Bahn zu besitzen, während man in anderen Wintersport-Orten noch stundenlang zu Fuß aufsteigen musste, um zu einer wirklich schönen und langen Abfahrt zu kommen. Toni, Anderl und ich

Abbildung 7: *Wir wurden in die* beste aller Familien *hineingeboren. Alle waren ausgezeichnete Skifahrer: (von links) Rosl, Rudi, Hilda, Anton Sailer sen., Toni und die Mutter (Foto Archiv Toni Sailer)*

sind oft zwölfmal am Tag die Streif hinuntergeschossen. Unser Rekord lag bei 14-mal. Das war natürlich ein tolles Training! Aber wir mussten neben dem Skifahren auch noch arbeiten. Der Toni als Spengler, ich als Bauer und Anderl Molterer als Zimmermann. Wir waren körperlich sehr stark, ohne Kraftkammer und Hantel, es war eine Art Naturkraft, die den Läufern heute fehlt, obwohl sie durch Gewichttraining gewaltige Oberschenkel bekommen. Wir dagegen waren knochiger, zäher, und wir hielten unendlich viel aus. Zu dieser Naturkraft trug wohl auch bei, dass wir immer barfuß gingen.«

Auch Toni lief stets barfuß in die Schule, gleich wie schlecht oder kalt das Wetter sein mochte. Fast als hätten diese Kinder im Unterbewussten das Gefühl gehabt, durch das Barfußgehen eine engere Verbindung zu den ungeheuren Kräften zu entwickeln, die man unter der Erdoberfläche vermutete: »Mit 16, 17 Jahren sprang ich aus dem Stand 1,60 Meter, mit Skischuhen 10 Zentimeter weniger!«, erinnerte sich Toni Sailer, »trainiert hatte ich das in keiner Sporthalle, sondern am relativ hohen Gartenzaun um unser Haus herum. Immer wenn ich in die Schule lief und von der Schule kam, sprang ich über das Gartentor. Und kein einziges Mal blieb ich mit einem Bein hängen. Natürlich ordnete ich auch meine Arbeit innerlich weitgehend dem Training zu, das schadete weder meiner Kondition noch der Arbeitsmoral, im Gegenteil!«

Aus diesen frühen körperlichen und mentalen Übungen, die durch Erfahrung und genaueste Analyse verfeinert und ausgeweitet wurden, entstand schließlich über die Jahre ein für die Zeit revolutionäres Trainingskonzept:

»Ich machte mir über alles Gedanken. Im Mittelpunkt stand natürlich die Frage: ›Wie muss man Ski fahren?‹ ›Was brauche ich zum Skifahren?‹ Man kann Vorbilder haben, aber es hilft nichts, sie genau nachzuahmen. Wenn einer so fährt wie sein Vorbild, dann bleibt er immer nur Zweiter. Die Kopie ist nie so gut wie das Original. Ich selbst hielt mir immer drei Läufer vor Augen: Christian Pravda, Zeno Colo und Stein Eriksen.

Stein Eriksen wegen seiner athletischen Art – als Einziger damals pflegte ich zur Vorbereitung zweimal in der Woche von sieben bis halb zehn am Abend das Geräteturnen. Geräteturnen war für mich immer eine ungeheure Übung für die Konzentration, für die Durchführung einer athletischen Übung mit allem was dazu gehört, mit Aufgang, Abgang, usw.

Zeno Colo imponierte mir aufgrund seiner Kraft, seiner Robustheit. Colo war ein Urmensch, kein ›Gefühlsfahrer‹. Er strotzte vor Kraft und bekam sicher nie heiße Oberschenkel.

Christian Pravda wiederum fuhr immer mit Gefühl, mit Eingabe! Da gab es nichts Gekünsteltes, nichts Erzwungenes. Er machte alles auf die einfachste Art.

Als Nächstes stellte ich mir die Frage: ›Wie kann ich eine Goldmedaille gewinnen?‹, d. h. ›Wie kann ich Olympiasieger werden?‹

Eines wurde mir dabei schnell klar. Wer etwas Großes zustande bringen will, darf nicht zwei Tage vorher damit beginnen! Auch nicht zwei Monate vorher. Man braucht dafür mindestens ein halbes Jahr. Ein Ziel, das du zu schnell umsetzen musst, schaffst du nicht! Wenn ein Kettenraucher sagt: ›Ab morgen rauch ich nicht mehr!‹, dann wird er scheitern. Wenn er aufhören will, muss er sich zum Beispiel sagen: ›Der 1. August 2009 ist der erste Tag, an dem ich nicht mehr rauche!‹ Der Vorsatz ist dann so stark, dass er wahrscheinlich schon Mitte Mai nicht mehr raucht. Weil ihn der Gedanke daran so wurmt, dass ihm das Rauchen nicht mehr schmeckt.

Wenn ich mir im Januar oder im Februar sage, ich will

die Olympischen Spiele gewinnen, dann ist das zu spät. Das muss ich mir schon im Sommer vornehmen, bei jedem Schritt, den ich tue, muss mir klar sein: Ich will Olympiasieger werden.

Zweitens war mir bewusst, dass bei dem, was ich erreichen wollte, die Körperbeherrschung eine entscheidende Rolle spielte. Skifahren erfordert den ganzen Körper. Je wendiger du bist, je vielseitiger du bist, desto besser. Die Vielseitigkeit erreicht man, indem man mehrere Sportarten betreibt: Tennis, Fußball, Gymnastik, Geräteturnen. (Auch eine Kür zu turnen ist wichtig.) Am talentiertesten fürs Skifahren sind Tänzerinnen und Tänzer, weil sie von ihrem Beruf her eine perfekte Körperkontrolle mitbringen. Wenn du einen Tänzer aufforderst den linken Oberschenkelmuskel anzuspannen, dann spannt er genau diesen Muskel an. Man macht ihm einen Pflugbogen vor und sagt, was er zu tun hat, und er macht einen Pflugbogen.

Ein anderes Beispiel: Ich erinnere mich an ein Versuchsprogramm: zwei Gruppen von Kindern, alles Anfänger. Eine Gruppe, die Langlauf und dann Skilauf trainierte, die andere Gruppe, die nur das Skifahren praktizierte. Am Ende beherrschten alle Kinder, die abwechselnd Skifahren und Langlaufen geübt hatten, schon nach drei Tagen den Grundschwung, während in der anderen Gruppe die Hälfte der Kinder erst nach fünf Tagen so weit war. Das beweist, wie gut das Langlaufen für die Skikontrolle und die Koordination ist.

Daneben ist natürlich hartes, ja brutal hartes Training einfach unerlässlich. Für mich war die Trainingszeit immer eine der schönsten Zeiten, auch wenn mir der Schweiß nur so über die Stirn tropfte, denn ich kam dabei meinem Ziel näher.

Wenn ich im September damit anfing, lief ich jeden Tag auf den Hahnenkamm im Intervall hinauf, machte oben mindestens zwanzig Minuten Gymnastik und rannte nonstop in neuneinhalb Minuten vom Hahnenkamm über die Streif wieder hinunter, gut dreieinhalb Kilometer.

Oder ich lief auf den Wilden Kaiser. Um halb sechs Uhr in der Früh fuhr ich mit dem Fahrrad nach Going zum Stanglwirt und stellte das Rad dort im Stadel ab, oder ich bin hinauf zur Prama, da oben ist die Waldgrenze, die Wiese hoch, über das Baumgartenköpfl, aufs kleine Thörl oder auf die Regalwand, auch in Intervallen, das ist dann schon auf etwa 2200 Meter Seehöhe. Zum Schluss musste ich noch klettern. Danach zurück im Laufschritt, hinunter zum Stanglwirt, mit dem Rad nach Hause, und um halb zehn ging's zur Arbeit in die Werkstatt.

Ich wusste, dass auch Ernst Hinterseer lief, dass Hias Leitner lief, dass Pravda trainierte, aber ich richtete mich nicht nach ihnen. Ich kümmerte mich gar nicht darum, was sie trainierten oder wie sie trainierten. Ein jeder turnte, wir spielten Fußball und Tennis, absolvierten Waldläufe und Intervalltraining, wobei ich hauptsächlich Intervalltraining betrieb.«

Im Intervalltraining wechseln totale Belastungs- und Erholungsphasen ab. Der Organismus soll sich aber nicht vollständig erholt haben, wenn mit der nächsten totalen Belastung begonnen wird. Dadurch lassen sich starke Trainingsreize setzen. Totale Belastung – Entlastung – Belastung – Entlastung – und weiter so bis zu dem gesteckten Ziel. Bei Toni Sailers Bergläufen auf die Streif sah das ungefähr so aus: Totale Belastung (drei Minuten), leichte Erholung, ungefähr genauso lang, und wieder totale Belastung …

»Schließlich kam die Ernährung: Wenn ich Rennen fuhr, brannten mir nach einer Minute schon die Schenkel. Andererseits konnte ich stundenlang in den Bergen laufen und springen und Gymnastik machen, ohne je müde zu werden. Ich verstand nicht, warum. Aber eines Tages ging mir ein Licht auf: Es war das Essen, auch der Zeitpunkt des Essens! Anfang der Fünfzigerjahre hieß es immer: ›Bub, du musst was essen, damit du Kraft kriegst!‹ Ganz gleich, wann man aß und was auf den Tisch kam. Und so hatte ich auch oft kurz vor dem Start ein Paar Würstel mit einer Semmel gegessen. Als ich darauf verzichtete, spürte ich mit einem Schlag nichts mehr. Auch mit der Luft ging es mir besser.

Trotzdem traten nach einer gewissen Zeit wieder ein leichtes Brennen in den Beinen und Probleme mit der Atmung auf. Ich analysierte in Gedanken so eine Fahrt vom Start bis zu Ziel, vor allem, wie es sich dabei mit der Atmung verhielt. Eines fiel mir dabei auf: Normalerweise hält man, wenn man erschrickt, nach dem Einatmen die Luft an. Solche Momente des Einatmens und Luftanhaltens gab es auch beim Skifahren, zum Beispiel wenn ein Sprung überraschend weiter reicht als ursprünglich kalkuliert, oder wenn sonst etwas Unvermutetes passiert. Dann hielt ich immer die Luft zehn, fünfzehn Sekunden an. Ich beobachtete mich, wie ich atmete, und entdeckte, dass das Ausatmen am wichtigsten war. Ich musste nach einem tiefen Einatmen, um die Lunge mit einem Sauerstoffüberschuss zu versorgen, auch gründlich ausatmen. Anschließend blieb die Luft ja nicht draußen, sondern ich atmete sofort wieder ein, und alles war vorbei.

Ein weiterer wichtiger Faktor ist die Konzentration. Ich probierte alle verschiedenen Methoden in irgendeiner Form aus, war aber mit keiner wirklich zufrieden. ›Eigentlich‹, sagte ich mir eines Tages, ›müsste die Idealform der Konzentration darin bestehen, dass man sich in die Lage versetzt, gar nichts zu denken.‹ Das versuchte ich auch. Auf alle möglichen Weisen trachtete ich, mein Gehirn frei von Gedanken zu halten. 35 Jahre später sah ich im Fernsehen ein Interview mit dem Dalai Lama, in dem er sagte: ›Die größte Kunst der Konzentration ist die Kunst, an nichts zu denken! Nach dieser Aussage war ich stolz, denn auf diese alte asiatische Weisheit war ich ganz alleine hier in Kitzbühel gekommen.‹

Zu guter Letzt beobachtete ich auch, dass ich beim Rennen nicht so fuhr wie sonst. Dass die Kondition stimmte, das wusste ich, wie ich atmete, das wusste ich, ich wusste auch, welche Linie ich fahren musste.

Daraufhin begab ich mich heimlich auf den Hang, um dort Ski zu fahren, abseits der österreichischen Mannschaft. In Cortina etwa saßen alle brav im Starthaus, während ich einstweilen Ski fuhr. Ich wärmte auf diese Weise meine Muskulatur auf, die dadurch geschmeidiger wurde.

Aber was, fragte ich weiter, was passiert während des Rennens in meinem Kopf? Welche Rolle spielte das Gehirn?

Dass man sich schon sehr früh programmieren muss, hatte ich bereits erkannt. Bei jedem Schritt. Bei jeder Blechrolle, die ich aufs Dach trug. Jeder Schlag, den ich machte, war ein Schlag zum Olympiasieg. Jede Sprosse auf der Leiter, die zehn Meter aufragte und die ich mit 60 Kilo auf dem Rücken erkletterte, war eine Sprosse zum Olympiasieg … Ich lief, und meine Zufriedenheit wuchs, die Vorfreude nahm zu, weil ich mir Kondition erwarb, weil ich stärker wurde, weil ich meinem Ziel näher kam. ›Ich will gewinnen, ich werde gewinnen! Ich tue alles, was dazu nötig ist‹, hämmerte es unentwegt in meinem Kopf.

Ich begann damit, schon lange vorher auszuprobieren, wie fest ich meine Skischuhe zumachen sollte. Wie fest sollte ich die Langriemenbindung anziehen. Wie oft sollte ich die Riemen herumwickeln, wenn die Verhältnisse so waren, oder so.

Das alles musste ich schon bei den ersten Rennen kontrollieren und fixieren. Denn eines steht fest, wenn du nervös bist und in Spannung gerätst, dann weißt du nicht mehr, wie fest du den Skischuh zumachen musst. Du hast kein Gefühl mehr, wie oft du den Langriemen um deinen Schuh binden sollst. Deshalb musst du das alles vorher schon wissen. Das ist die Einser- , die Einser- und die Dreierschnalle, und so bleibt es, auch wenn du das Gefühl hast, dass der Schuh viel zu locker ist. Das Gefühl trügt, es ist die Erfahrung, die hier zählt!

Du musst Skifahren, Skifahren und nur Skifahren. Und wie kannst du locker bleiben? Ganz sicher nicht, indem du dir vor dem Start sagst: ›Das Rennen muss ich gewinnen!‹

Für mich war dabei eine einfache Regel maßgebend. Nachdem ich mir im Sommer und im Herbst, also Monate vorher, schon dauernd eingebleut hatte: ›Ich will gewinnen, ich muss gewinnen!‹, brauchte ich mir das nicht mehr einzureden. Das steckte unauslöschlich tief in mir drinnen. Und damit war ich frei. Die höchste Kunst besteht nämlich darin, dass du dir im Augenblick des Starts sagst: ›Ich bin bereit zu verlieren!‹

Das klingt alles so einfach, aber es ist außerordentlich schwierig umzusetzen. Ich bin 1958 noch weitergefahren, weil ich beweisen wollte, dass es nicht Glück ist, wenn man gewinnt, sondern Können und geistige Arbeit. Ich fuhr mit dem Gedanken: ›Ich muss nicht gewinnen. Ich werde da jetzt ganz ruhig hinunterfahren. Wenn ich gewinne, ist es gut, wenn nicht, dann ist es auch gut!‹

Wenn du bereit bist zu verlieren, bist du auch in der Lage, locker zu fahren. Wenn nicht, bist du verkrampft und machst Fehler. Wenn du locker fährst, hast du Gefühl, spürst, wie die Kanten greifen. Du spürst, wie der Ski nach vorne geht. Du spürst alles – du fährst einfach Ski.«

Als kreativer Einzelkämpfer hatte Toni Sailer also schon über Nahrung, Gymnastik, Aufwärmen, Konzentration und Intervalltraining reflektiert, als viele andere Skifahrer ihre Gedanken keine Sekunde an »solche Blödheiten« verschwendeten. Er hatte, zu Hause auf dem Küchenboden liegend und den Blick starr auf die Decke gerichtet, neue Formen des Mentaltrainings für sich zu entwickeln versucht. Und so wurde ein junger Spenglersohn aus Kitzbühel so etwas wie der »Galileo Galilei vom Hahnenkamm«. Galilei musste 1663 seiner Lehre von der Erdbewegung abschwören, sonst hätte ihn die Inquisition verbrannt, nicht ohne, so erzählt die Überlieferung, dabei zu bemerken: » … und sie bewegt sich doch«. Toni Sailer trainierte in den Fünfzigerjahren auch im Sommer hart und verbissen, er tat es im Geheimen, weil die verständnislose Öffentlichkeit und einige Spitzenfunktionäre des Internationalen Skiverbandes und des Olympischen Komitees darin eine Annäherung an den Professionalismus erblickten. Aber zu sich selbst hat er wohl lächelnd gesagt: »… und im Sommer bewegte ich mich doch!«

Anders als vor 50 Jahren, als man sich vor der spießigen Bevölkerung versteckt hielt, startet man heute die Vorbereitung auf die kommende Saison schon Mitte April, Anfang Mai. Presse und Fernsehen verlangen genaueste Informationen, und aus der heimlichen Sommerquälerei wurde ein Programm für die sportinteressierten Massen, die sich vor den Bildschirmen versammeln. Hermann Maier etwa kam in seiner erfolgreichsten Zeit auf fast 900 Konditions-Trainingsstunden, auf Schnee hingegen kratzte der Athlet nicht einmal an der 50-Stunden-Grenze.

Das Ganze bringt natürlich auch finanzielle Vorteile für die Wintersportindustrie, denn wer einmal miterlebt hat, wie die Stars in Kraftkammern, bei Waldläufen oder auf dem in Österreich gebauten Abfahrtssimulator leiden und durchgerüttelt werden, dem bleibt das Interesse am Skifahren und die Bewunderung für die Stars auch bei plus 35 Grad im Schatten erhalten.

Besonders ab den Siebzigerjahren wurde das intensive Kraft-Ausdauertraining sehr forciert, was für so manchen Athleten fast zerstörerische Konsequenzen hatte. So wurden Läufe von 10 x 400 Metern und 20 x 200 Metern und ähnliche Schindereien absolviert, und dies sogar in Trainingscamps, wo eigentlich der Schwerpunkt auf dem Skifahren lag. Das alles nicht selten auf Seehöhen von über 2000 Meter, was die ganze Sache noch quälender und intensiver machte. Intervalltraining hieß plötzlich das große Zauberwort ... zwanzig Jahre zuvor hatte es Toni Sailer bereits praktiziert.

Für die Skiasse der Jetztzeit wurden die Schindereien im Frühlings- und Sommertraining Jahr für Jahr weiter optimiert. Universitätsinstitute machten sich an die Arbeit und führten aufwendige Stoffwechseluntersuchungen durch. Schlagworte wie Laktatmessung, Blutgas, Ammoniak, Harnstoffe, Creatinkinase und Leistungsphysiologie geisterten durch die Trainingshallen. In den Sommercamps wurde täglich morgens durch eine Laboruntersuchung der körperliche Zustand der Rennläufer überprüft.

Zeitweise trieb man einen gigantischen Aufwand, schleppte zu den Traingscamps und zu den Weltcuprennen, ja, sogar aufs Startgelände, Sauerstoff mit, der den Rennfahrern zur Atmung gegeben wurde.

Sogar am Heiligen Abend wurden bei den Sportlern Leistungsdiagnostiken durchgeführt. Diese Untersuchungen gaben Auskunft, wie stabil die Grundlagen-Ausdauer bei den getesteten Athleten während dieser Phase der Ruhe war.

Neben den immer komplexer werdenden Trainingsprogrammen wurden nicht nur Ernährungspläne geschrieben, auch permanente ausführliche Laboruntersuchungen gehörten zum Standard. Die Wissenschaft eroberte den Sport, machte ihn leistungsfähiger, rekordverdächtiger – menschlicher wurde er dadurch nicht.

Toni Sailers Soloprogramm von einst steht heute einem Heer von Helfern gegenüber: In erfolgreichen Mannschaften kommen fast drei Betreuer auf einen Rennläufer, und beinahe jede Mannschaft hat neben den Skitrainern einen Konditionstrainer, Masseur und Physiotherapeuten. Bei diversen Trainings auf Schnee und im Rennen ist immer ein Arzt zugegen. Zu Trainingslagern oder Großveranstaltungen werden eigene Köche mitgenommen. Viele erfolgreiche Läufer bauen sich ein persönliches Betreuerumfeld auf, um alle Bereiche abzudecken. Auch Videoexperten und Mentaltrainer sind keine Ausnahme bei diversen Teams. Viele Spitzenläufer suchen sich Fachleute ihres Vertrauens: Konditionstrainer, Ärzte, Physiotherapeuten, Energetiker, Mentaltrainer und Manager.

Auch auf dem Materialsektor hat sich der Skisport gigantisch weiterentwickelt. So besitzen Spitzenläufer manchmal bis zu 100 Paar Ski, über die ein eigener Servicemann wacht. Jede Firma beschäftigt ihr Testteam, das permanent vor den Rennen parallel zur Rennstrecke unter entsprechenden Bedingungen Testläufe absolviert. Mit aufwendigen Video- und Biomechanikanalysen wird herumprobiert, um noch schneller zu sein als die Konkurrenz. Natürlich wird auch an der Entwicklung der Skischuhe gearbeitet. Viele Läufer lassen sich Spezialschuhe anpassen, mit Spezialsohlen im Schuh, um die Druckverteilung zu messen.

Fünfzig Jahre nach Toni Sailer ist der Skilauf in unseren Breitengraden ein Milliardenspektakel geworden: Fremdenverkehr und Wintersportindustrie mit technischen Weiterentwicklungen auf dem Skisektor und immer perfektere Fernsehübertragungen, die dramatische Bilder in die ganze Welt lieferten, sorgten dafür.

Und die Millionen Menschen, die sich in den Wintersport stürzen, brauchen natürlich Helden als Vorbilder ... die Skigladiatoren. Sie riskieren bei Promi- und Massenevents wie Kitzbühel zwischen Cocktail, Dinner und großen Empfängen Kopf und Kragen, und dementsprechend gut müssen sie auch entlohnt werden.

Professor Fred Rößner, der Trainer des Ski-Wunderteams mit Christian Pravda, Toni Sailer, Anderl Molterer und Ernst Hinterseer sagte in einem Interview vor vierzig Jahren: »Das Geld war damals vielen Athleten meiner Mannschaft völlig nebensächlich«, und als Beweis erzählte er eine Geschichte von Christian Pravda: »Der Abfahrts-Weltmeister und olympische Medaillengewinner, er war einer der großen Vorbilder Toni Sailers, bekam ins Trainingslager vom Skifabrikanten Toni Arnsteiner einen Brief geschickt, den ich ihm überreichte. Der misstrauische Pravda sah mich überrascht an und fragte: ›Warum schreibt mir der Arnsteiner einen Brief?‹ Ich zuckte mit den Schultern, worauf Pravda völlig verunsichert den Speisesaal verließ. Nach fünf Minuten kam er mit hochrotem Kopf wieder hereingestürmt und fuchtelte mit einer 1000-Schilling-Note vor meiner Nase herum: ›Warum schickt mir der Toni 1000 Schilling?‹ Ich: ›Weil du ihm durch deine Siege mit seiner Marke sehr geholfen hast!‹ Darauf Pravda: ›Dann geben Sie ihm den Tausender zurück! Ich werde immer die Marke fahren, die ich gerade am besten finde.‹«

Heute verdienen Superstars – und Pravda war ein solcher – beim Wechsel der Skimarke oft Millionen. Toni Sailer, der als Skifahrer schon immer professionell dachte – vom Training bis zur Skimarke –, wechselte seine Skimarke während der Olympischen Spiele 1956 in Cortina.

Riesentorlauf und Slalom fuhr er auf Kästle, die Abfahrt auf Kneissl. Mit seinen drei olympischen Goldmedaillen und den vier Weltmeistertiteln verdiente er 1956 insgesamt 164.000 Schilling, heute hätte diese Summe einen Wert von 71.353 Euro.[1]

[1]In diesem Kapitel wird unter anderem Bezug genommen auf die Erkenntnisse des Fitness-Experten Heinrich Bergmüller, der sein Knowhow über Trainigsmethoden eigens für dieses Buch zusammenfasste. Den genauen Wortlauf seiner Abhandlung siehe Anhang.

Auf dem Weg zum »Helden«: Siege, Sensationen, Schmerzen

Erstmals nach dem Zweiten Weltkrieg, der den Begriff Heldentum für lange Zeit in Verruf gebracht hatte, wagte man in den Medien wieder – beim Jahrhundertsportler Toni Sailer –, das Wort »Held« in den Mund zu nehmen, ohne sofort Assoziationen an Stalingrad und andere blutige Schlachten wachzurufen.

Mit Sailer, so schreibt der bereits zitierte Matthias Marschik, sei das »kollektive Wir« der jungen Zweiten Republik in die Schlagzeilen eingezogen: »Wir dominieren die alpinen Herrenrennen, Sailer unsere große Hoffnung. In der Nationenwertung liegen wir durch Tonis drei Goldene an zweiter Stelle hinter der Sowjetunion« – und vor den anderen drei Besatzungsmächten Frankreich, USA und England. Und ein deutscher Journalist meint: »Toni Sailer ist das in einer Person, was für uns Max Schmeling und Fritz Walter sind!«

Daher nennt Johann Skocek Toni Sailer auch einen »Mensch gewordenen Gründermythos, den Mann, der von den Bergen herunterstieg und den Österreichern verkündete, sie könnten sich ab sofort wieder in ihre schweißnassen Gesichter sehen.«

Ein Mann darf bei der Aufzählung von sportlichen Helden mit seinem leicht ironischen Unterton nicht fehlen, der Nordische Direktor des Österreichischen Skiverbandes Toni Innauer, der als Skispringer selbst ein »fliegender Held« war (Gold- und Silbermedaillengewinner, Skiflugweltrekordler ...) und daher weiß, wovon er spricht: »Damit eine Sportart populär wird, ist der sogenannte Nationalheld heute absolut notwendig. Man wird keine Sportart finden, die in Österreich populär ist, bei der es nicht einen ›Helden‹ gibt. Die Medien haben mittlerweile eine Technik entwickelt, Helden noch größer und noch weiter hinaufzubringen, bis sie letztlich so überhöht und verheiligt werden, dass sie als Vorbild fast nicht mehr tauglich sind.«

Dass allerdings Toni Sailer zu »verheiligt« wird, da besteht keine Gefahr, denn die »menschliche Note« blieb bei dem Kitzbühler immer erhalten.

Dem landläufigen Verständnis nach setzt sich ein Held bedingungslos für eine Sache ein und ist bereit, dafür Opfer zu bringen. Helden müssen mutig und willensstark sein und Leiden ertragen ... das gilt von Herkules über Siegfried bis hin zu Buffalo Bill und – Toni Sailer.

Wenn Johann Skocek schreibt: »Toni muss ein krampfhaft ehrgeiziger junger Mensch gewesen sein ...«, dann ist das sicher falsch, denn krampfhaft zu sein schließt jede große Leistung aus, sei sie nun körperlich oder geistig. Ein krampfhaft Ehrgeiziger kann weder Slalom fahren noch die Mondscheinsonate spielen oder Schwanensee tanzen.

Das Streben eines Ausnahmetalents flößt den Durchschnittsmenschen oft Angst ein, abnormal große Leistungen feiern wir hingegen frenetisch, d. h. also, wir verstehen nicht, welch harte, ja unerbittliche Trainingsarbeit dahinter steckt.

Toni Sailer begann den steilen, anstrengenden Weg, den jeder Spitzenläufer durchmachen muss, als 10-Jähriger zu gehen, eigentlich zu fahren:

»Kitzbühler Jugendskitage 1946 und 1947, Klubmeisterschaften, auch mit Siegen im Sprunglauf, Bezirksmeisterschaften, Tiroler- und Österreichische Jugendskimeisterschaften. Vor meinen ersten österreichischen Jugendmeisterschaften lag ich drei Wochen lang mit einer schweren eitrigen Mandelentzündung im Bett, und der Arzt verbot mir strikt, bei der Meisterschaft auf dem Semmering anzutreten. Aber die Mutter, die wusste, wie ich litt, behandelte mich mit erprobten Hausmitteln und wickelte mir einen dicken Schal um den Hals, und so fuhr ich direkt vom Krankenbett auf den Semmering. Etwas benommen war ich bei meiner Ankunft schon, und ich taumelte ein wenig, noch dazu gab es damals keine Lifte, sondern wir mussten zu Fuß die verschiedensten Starts erreichen. Doch auf der Piste hatte ich alles vergessen, ich gewann Abfahrt, Slalom und Kombination und auch die Dreier-Kombination mit Skispringen und wurde österreichischer Jugend-Skimeister, ein Titel, den ich im nächsten Jahr in Wattens und im übernächsten Jahr in Bad Hofgastein verteidigte.

Ob es sehr gute, auch international besetzte Rennen oder nur sogenannte ›Bauernrennen‹ waren, ich hatte Spaß daran, vielleicht auch, weil ich fast alle Rennen gewann. So kämpfte ich mich langsam an die Spitze der Jugendklasse heran. Das Komische daran war, dass ich mich oft älter machen musste, als ich wirklich war, um gleichwertige Gegner zu finden. Startete ich in der Klasse 14- bis 16-Jährigen, waren meine Zeiten oft besser als die der 16- bis 18-Jährigen. Als ich dann in diese Gruppe aufrückte, überholte ich nicht selten Läufer über zwanzig.

Da ich damals so in Form war, dass ich als 16-Jähriger alle Gleichaltrigen und auch viel ältere Kaderläufer hinter mir ließ, engagierte mich der Tiroler Skiverband mit 16 Jahren, die Junioren im Alter von 18 bis 21 zu trainieren. Ich, der mit großem Abstand Jüngste, war der Boss und sagte den ›Alten‹, was sie zu tun hatten: Wann Tagwache war, wie das Übungsprogramm aussah, wann angefangen und wann aufgehört wurde und wann die Nachtruhe begann. Das gefiel mir natürlich!«

Aber schon früh, mit 13 Jahren, hinterließ der junge Sailer seine Spuren. Beim internationalen Steinbergkogel-Riesentorlauf – einem Kitzbühler Traditionsrennen – gewann er, wie erwartet, die Jugendklasse. Was aber niemand für möglich gehalten hatte: Der Hauptschüler Toni Sailer wurde mit seiner tollen Zeit auch Dritter in der Gesamtwertung und ließ dabei Spitzenleute aus ganz Europa hinter sich.

»Und zwei Jahre später – ich war 15 Jahre alt – gelang mir der Durchbruch wieder beim Steinbergkogelrennen, ich gewann dieses große Rennen und besiegte die besten Franzosen, Italiener und auch die österreichische Spitzenklasse. Sogar mein Idol Christian Pravda, der absolute Weltklassemann und Kitzbühler Skigott, lag eine ganze Sekunde hinter mir. Er hatte mir schon vor Jahren eine große Karriere prophezeit, als er in einer Gesprächsrunde auf mich Knirps gezeigt und trocken bemerkt hatte: ›Der Kleine dort wird einmal alle schlagen!‹ Nur, dass das so schnell gehen würde, hatte er wahrscheinlich selbst nicht gedacht.

Dieser Christian Pravda blieb, obwohl ich ihn schon damals das erste Mal geschlagen hatte, eines meiner ganz großen Idole, ein in seiner Art unvergleichlicher Skiathlet, der zwei grundverschiedene Seiten hatte. Auf der einen Seite fuhr der großartige Techniker mit viel Gespür, mit großer Sensibilität und Einfühlungsvermögen, also voller Zartgefühl. Auf der anderen Seite war er ein brutaler

Abbildung 8: *Von 1946 bis 1951 gewann Toni Dutzende Kinder- und Jugendrennen. Mit 15 schlug er erstmals die gesamt Weltelite. Schon damals sprach man von einem Jahrhunderttalent. (Foto Skiclub Kitzbühel)*

Draufgänger, der sich in keiner Renn-Sekunde auch nur einen Deut um seine Gesundheit scherte, der Inbegriff des wilden Hundes.

1948 hatte er sich den Knöchel gebrochen, aber er wollte unbedingt bei den ersten Olympischen Spielen nach dem Zweiten Weltkrieg in St. Moritz starten. Daher schlug er sich selbst den Gips ab, startete … und brach sich den Knöchel ein zweites Mal. Kaum wieder auf den Bretteln, fuhr er in Hofgastein im Höchsttempo an einen Baum und schlug sich das Schien- und Wadenbein glatt durch … Einmal raste er auf der total vereisten Streif vom Start bis ins Ziel durch, nur weil mein Vater behauptet hatte, auf dieser kilometerlangen Eisplatte könne kein Mensch sturzfrei durchkommen.«

Dieser sensible und zugleich wilde Rennfahrertyp, einer der unglaublichsten Athleten aller Zeiten, wurde 1952 bei den Olympischen Spielen in Oslo Silber- und Bronzemedaillengewinner im Riesentorlauf sowie in der Abfahrt und zwei Jahre später Abfahrtsweltmeister.

»Ich habe viel von Christian Pravda gelernt, zum Beispiel wenn ich ihm nachfahren durfte, waren das Minuten und Sekunden, in denen mir anschaulich gezeigt wurde, was mir noch zu einem perfekten Skifahrer abging. Vielleicht lernte ich auch von diesem bedingungslosen Draufgänger meinen inneren Computer so zu programmieren, dass er mich in prekären Situationen in Sekundenbruchteilen vom Draufgänger zu einem vorsichtige Rennläufer zurückschaltete … das sind dann die bekannten Filmbilder von der Olympia-Abfahrt in Cortina, wo ich kurz in Schneepflug-Stellung fuhr.«

Auch abseits der Piste, in der Schule, lief bei Toni nach einem etwas holprigen Start alles wie am Schnürchen:

»Nach der Hauptschule schickten mich meine Eltern im Herbst 1949 auf die kaufmännische Wirtschaftsschule nach Schwaz, dort sollte ich mir alle wirtschaftlichen Erkenntnisse aneignen, um später einmal das Geschäft des Vaters zu übernehmen.

Am Beginn fehlte mir hier vieles: Die Geborgenheit des Elternhauses, schließlich war ich nun erstmals in meinem Leben auf mich alleine gestellt, Kitzbühel mit seinen herrlichen Skihängen und – die Hahnenkammbahn. In Schwaz musste man sich jeden Abfahrtsmeter zu Fuß erkämpfen.

Aber bald fühlte ich mich auch hier sehr wohl und betrachtete die stundenlangen Aufstiegsplagen einfach als zusätzliches Konditionstraining.

Mittlerweile lernte ich so leicht, dass ich, ohne mir Vorwürfe machen zu müssen, die Freizeit für meine Bretteln und für meine persönliche Fitness reservieren konnte.

Ich denke gerne an die Zeit in Schwaz zurück, an den Wintersporttag der Schule etwa, an dem ich Bestzeit fuhr, oder an Professor Knapp. Niemals habe ich ihn auf Skiern gesehen. Ich weiß überhaupt nicht, ob er Skilaufen konnte und wie er zu seinem Urteil kam. ›Sailer‹, sagte er mit gerührter Stimme, ›Sie werden einmal Skiweltmeister werden!‹

Dieses unerwartete Lob von einem Lehrer, von dem ich angenommen hatte, dass er meine Begeisterung für das Skifahren lächerlich und überflüssig fand, bedeutete für mich einen gewaltigen Ansporn, obgleich es mir, damals kaum 15 Jahre alt, vermessen schien, an eine Weltmeisterschaft zu denken.

Eine andere Sorge aber tauchte vor mir auf: Ich war bisher immer einer der Kleinsten gewesen, dafür aber flink und wendig. Dadurch war ich vielen, die älter waren und mehr Kraft besaßen, im Torlauf überlegen. Und nun schoss ich plötzlich in die Höhe, als müsste ich alles, was ich im Wachsen während etlicher Jahre versäumt hatte, in wenigen Monaten aufholen. Ich dachte mit Sorge daran, wie ich meine ungewohnte Länge durch die schmalen Tore bringen sollte. Waren nicht alle Läufer der Weltklasse, insbesondere jene, die den Slalom beherrschten, mittelgroß, ja eher klein und untersetzt?

Mit einem sehr eigentümlichen Gefühl erwartete ich in diesem Jahr den ersten Schnee. Da die Bretteln nicht mitgewachsen waren, musste ich mich um längere Skier umsehen. Mit Herzklopfen stand ich am Start und blickte auf die schmal gesteckten Tore und es ging auch mit der Größe von 170 Zentimeter! Ich spürte, dass es vor allem auf eines ankam: wendig zu bleiben. Und zwar genauso wendig wie als kleiner Bolzen.

Nach diesem Rezept wurde ich später auch mit meinen 181 Zentimetern fertig. Ja, ich machte die Erfahrung, dass eine überdurchschnittliche Körpergröße im Skilauf durchaus kein Nachteil war, wenn man sich seine Gelenkigkeit voll bewahrte. Allerdings muss die Körpergröße zum Körpergewicht in einem harmonischen Verhältnis stehen.

Beim Abfahrtslauf kam mir die Größe wiederum sehr zustatten. Wenn die anderen mit ihrer Kraft zu Ende waren, konnte ich immer noch etwas einsetzen. Das Körpergewicht half mir, das Tempo zu forcieren. Ich durfte mich nur nicht zu früh verausgaben.

Im Jahr 1951 kehrte ich nach Kitzbühel zurück und trat als Lehrling in den Betrieb meines Vaters ein.

Ich war endlich wieder daheim, sah vom Stubenfenster aus die glatt gebügelten Steilhänge der Streif und wusste, dass ich in knapp fünf Minuten die Talstation der Seilbahn erreichen konnte.

Trotzdem war es jetzt anders als früher. Vor allem Sportlichen stand die Arbeit. Ich lernte im Vater den Meister zu schätzen. Jetzt wusste ich, woher seine genaue, exakte Art kam, seine Zähigkeit, wenn er einmal etwas angefangen hatte, seine unbegrenzte Ausdauer, sein Unwille über jede Art der Pfuscherei, sein Bestreben, jede Arbeit, die er in die Hand nahm, ganz zu tun. Ich hatte mir in Schwaz eine gewisse Leichtigkeit angeeignet und musste mich erst an die strenge Zucht der Werkstätte gewöhnen. Der Vater ersparte mir nichts. Keine Arbeit war zu schwer oder zu mühsam für mich. Jeder fremde Lehrling hatte es leichter bei ihm.

Trotzdem fand ich mich bald in der Arbeit zurecht. Wenige Wochen nach meinem Eintritt in die Werkstätte erhielt ich als Spenglerlehrling eine ausgiebige Feuertaufe. Beim Jägerwirt musste ein neues Blechdach aufgesetzt werden. Als wir die alten Blechscharen abrissen, brannte die Sonne so heiß hernieder, dass ich das Blech kaum anfassen konnte und glaubte, ich würde diese glühende Hitze nicht mehr ertragen. Der Vater aber tat, als merke er nichts. Wir rollten die neuen Scharen auf, bogen das Blech zurecht, nagelten und hämmerten drauflos, als plötzlich ein Unwetter aufstieg. Der Sturm riss mich fast vom Dach herab. Mein Vater setzte die Arbeit fort, als sei nichts geschehen. Bei Blitz und Donner arbeiteten wir weiter, und das Haus kam noch gut unter Dach.

Rund ein Jahr später, im Januar 1952 bestritt ich, damals 16-jährig, in Frankreich die schönsten Rennen meiner jungen Karriere. Die ganze französische Elite war da und fuhr mit vollem Einsatz, weil es um die Olympiaqualifikation für die Spiele 1952 in Oslo ging.

Ich war nach einer 25-stündigen Bahnfahrt mit meinem Freund Fritz Osanna todmüde in Grenoble angekommen, denn ich hatte während der Fahrt kaum ein Auge zugetan und nur aus dem Fenster geschaut … Ich sah wartende Menschen auf den Bahnsteigen, Gegenzüge, die an uns vorbeidonnerten und meine Schlafversuche zunichte machten, belebte und schlummernde Dörfer, große Städte, den Sonnenuntergang und den heraufdämmernden Morgen. Erstmals hatte ich auch das prickelnde Gefühl, in der Fremde für Österreich zu kämpfen, ein 16-jähriger, unerfahrener Spenglerlehrling, der noch dazu ein schlechtes Gewissen hatte, weil er das Weihnachtsgeschenk seiner Schwester gestibitzt hatte – nagelneue Ski. Meine waren schon über vier Jahre alt und hatten total ausgefranste Rillen … so konnte ich doch nicht in Frankreich auftreten! Daher hatte ich einfach ihre Bretteln mitgenommen und an ihrer Stelle meine abgetakelten Latten in Kitzbühel zurückgelassen.

Um 6 Uhr früh kamen wir in Grenobel an und mussten nach Alpe d'Huez mit unserem allerletzten Geld – ich hatte gerade noch 100 Schilling eingesteckt – ein Taxi nehmen, weil wir mit dem Autobus das Rennen versäumt hätten. Wir kamen gerade noch rechtzeitig zur Startnummernausgabe und hetzten zum Start. ›Du darfst nicht sagen, dass du 16 bist‹, schärfte mir Fritz noch ein. ›Du musst sagen, du bist schon 17. Unter 17 darf man nicht fahren, da disqualifizieren sie dich!‹ Mir war das egal, dann machte ich mich halt ein Jahr älter.

Nach dem 1. Slalomdurchgang hieß es: Anton Sailer aus Österreich siegt mit 3,5 Sekunden Vorsprung. Da war der Teufel los! All die Journalisten, die Fotografen, und ein 17-Jähriger (!) schlägt die gesamte französische Nationalmannschaft. Dass ich mit den Skiern noch nie einen Schwung gemacht hatte, dass die eigentlich meiner Schwester gehörten, davon redeten wir erst gar nicht.

Im zweiten Durchgang hat es mich dann dreimal überschlagen, aber der Einstieg war für mich großartig: Alle kannten mich plötzlich und lobten den unbekannten David aus Österreich, der den französischen Goliath zum Zittern gebracht hatte.

Im Hotel wartete bereits der bekannteste französische Handschuhfabrikant und breitete zehn Paar Handschuhe, mit Leder und Gummizug dran, Kappen mit Leder und Gummi in verschiedenen Farben, rote Hemden, die du bei uns nicht einmal im Schaufenster gesehen hast, fünf Stück davon, zehn Pullover, eine eigene Tasche dazu, alles, alles vor uns aus. Dann kam auch schon der erste Ski-Fabrikant, Dynamic! Ob wir nicht Lust hätten, uns in der Fabrik Ski anzuschauen, sie würden uns einen Wagen schicken, der uns hinbringt. Es dauerte nicht lange, tauchte von Rossignol einer auf. Der meinte, wenn ich Zeit hätte, nach dem Riesenslalom, oder am Montag nach dem Rennen, ob wir nicht in die Fabrik kommen wollten, sie würden uns gerne Ski zeigen.

Wir sind also in die Ski-Fabrik. Dort fragte man mich: ›Was brauchen Sie denn?‹

Ich antwortete: ›Ski!‹

Darauf der Mann von der Fabrik: ›Ski? Was für Ski? Slalom, Riesenslalom oder Abfahrt?‹

Ich: ›Riesenslalom vielleicht. Riesenslalom wär gut.‹

Nun schleppten sie verschiedene Riesenslalom-Ski heran, und ich sollte mir ein Paar aussuchen. Das tat ich. Aber er meinte, der Ski, den ich gewählt hatte, sei eher für weichere, mittlere Schneearten. Ob ich nicht einen brauchte für harte Pisten.

Ich sagte: ›An und für sich ist dieser Ski ja gut! Aber ich such mir noch einen aus, wenn Sie meinen.‹

Nachdem ich ein zweites Paar ausgesucht hatte, wandte er ein: ›Und was, wenn es einmal ganz eisig ist?‹

Ich erwiderte: ›Aber da gehen die ja ganz gut.‹

Er wieder: ›Nein, da finden wir was anderes ...!‹

Schließlich hatte ich vier Paar Riesenslalom-Skier in Händen. Gleich darauf bekam ich vier Paar Slalom-Ski und wieder drauf, vier Paar Abfahrts-Ski! Ich besaß damit also 12 Paar Skier! Fein säuberlich verpackt, Stöcke dazu, die

Bindungen, alles perfekt hergerichtet. Und dasselbe hatte auch Fritz.

Anschließend holte uns ein Auto von Rossignol ab und kutschierte uns zur Rossignol-Fabrik. Mit den Skiern, die wir von Dynamic erhalten hatten! In der Rossignol-Fabrik spielte sich dasselbe noch einmal ab, mit einem Riesenslalom-Ski für Eis und so. Zusammen mit den nächsten Slalom-Skiern und den Abfahrts-Skiern hatte ich dann 24 Paar Ski gehabt – und die von meiner Schwester.

Ich fühlte mich wie ein Milliardär. Wenn es für dich nichts Schöneres gibt als Skifahren, und du hast 24 Paar Skier, dann bist du Milliardär.

Überall, wo wir hinkamen, waren wir Les Autrichiens. Wir mussten für keinen Tee bezahlen, für keinen Kaffee, für kein Sandwich. Immer hieß es nur: ›Les Autrichiens‹, und die Kassa war erledigt, obwohl ich ja einen Packen Geld einstecken hatte. Neben den Reisespesen bekamen wir nämlich noch 1.200 Schilling Gage, das war ein ganzes Jahresgehalt für einen Spenglerlehrling, denn ich verdiente damals monatlich 124 Schilling.

In Megeve, Morzine, Alpe d'Huez und Barcelonette errang ich fünf Siege, wobei die begehrteste Trophäe der ›Coupe Emile Allais‹ war. Aber die originellste gewann ich in Morzine.

Unter den verschiedenen Trophäen, die vor dem Rennen in Morzine aufgestellt waren, befand sich ein großes, ungefügiges Trumm, ein weiß lackierter Kasten, von dem ich mir nicht vorstellen konnte, weshalb man ausgerechnet diese schwerfällige Rumpelkiste als ersten Preis festgesetzt hatte. Da sie rundherum geschlossen war, konnte ich nicht sehen, was sie enthielt, und mein Französisch reichte damals nicht aus, um danach zu fragen. Ich ging an den Start. Nachdem wir am Vortag im kleinen Slalom durch Neuschnee heruntergerudert waren – der Schnee hatte so hoch gelegen, dass ich mit dem Ellbogen über die Torflaggen fuhr! –, wurde der große Slalom auf eine harte Piste gelegt, auf der ich mich wie zu Hause fühlte. Den weiß lackierten Kasten hatte ich längst vergessen, denn ich dachte bei einem Start niemals an den Preis, sondern immer nur an das Rennen selbst.

Ich gewann und wurde feierlich zum Besitzer des Kastens erklärt, der sich als hochmoderner Kühlschrank entpuppte. Die Franzosen nannten ihn ›*frigidaire fantastique*‹!

Ich fragte: ›Für was ist der?‹, und erhielt zur Antwort: ›Ein Kühlschrank für Milch, Butter, Käse. Da drin verdirbt nichts mehr.‹

Da meinte mein Vater: ›Bei uns ist auch nie etwas verdorben. Oder ist bei uns einmal die Butter ranzig geworden, oder die Milch sauer? Trotzdem, schlecht wäre er nicht, wenn wir so einen Kühlschrank hätten.‹

Ich war mir nicht sicher, ob ich das Stück überhaupt transportieren konnte, aber die Franzosen, zuvorkommend wie sie waren, übernahmen die Lieferung.

Als ich mit meinem Vater nach Hause kam, prangte der Frigidaire aus Morzine schon in unserer Küche. Die Mutter strahlte. Endlich hatte ich von meinen Siegen etwas heimgebracht, das sie nicht immer mit Sidol putzen musste, damit es seinen Glanz behielt.

Die Nachbarschaft zur Rechten und zur Linken musste das kostbare Stück bewundern. Der Vater stemmte in der Wand eine Nische aus, um das Stück so unterzubringen, dass es nicht wie ein Denkmal im Weg stand. Dort, in der Nische, leistete dieser *frigidair fantastique* unserer Familie von 1952 bis 1992, also ganze vierzig Jahre lang, gute Dienste. Ich hatte jedes Mal eine Freude, wenn ich späterhin unsere Wohnung betrat, denn dieses Prunkstück erinnerte mich an meine ersten großen internationalen Erfolge.

Diese Frankreich-Reise war für uns Österreicher zu einem beispiellosen Triumph geworden, obwohl die Franzosen damals nicht gerade deutsch- bzw. österreichfreundlich waren.«

Schließlich eilte der Vater voller Sorge über den ganzen Rummel rund um den so jungen »Buam« nach Frankreich und holte ihn – damit die Bäume nicht in den Himmel wuchsen – wieder nach Kitzbühel in seine Werkstatt.

Dieses Jahr 1952 verlief für Toni wie ein Film: herrliche Augenblicke einer jungen Karriere, die mit ein wenig Phantasie schon den Aufstieg zum absoluten Weltstar erahnen ließen – und ein schmerzensreiches Ende! Aber diese Ereignisse standen nicht im Mittelpunkt des Welt-Skisports:

Der Held dieses Jahres aus österreichischer Sicht war

Abbildung 9: *Toni Sailer pflegte stets ein bestimmtes Ritual: In Hose, Socken und Skischuhe schlüpfte er zuerst mit dem linken Fuß. Oft musste er die ganze Prozedur von vorne beginnen, weil er sich nicht mehr sicher war, ob er auch wirklich links begonnen hatte. (Foto Archiv Toni Sailer)*

der 24-jährige Arlberger Othmar Schneider, der als erster Österreicher eine alpine olympische Goldmedaille eroberte. Zu dieser Slalom-Goldenen lieferte der großartige Universalist vom Arlberg noch eine Silberne in der Abfahrt. Silber und Bronze gab es durch den Kitzbühler Christian Pravda, und eine weitere Bronzemedaille im Riesentorlauf durch den St. Antoner Toni Spiss.

»Wie oft«, sinnierte Toni Sailer, »hat man uns junge Skiläufer aufmerksam gemacht, dass gerade in unserem Sport Glück, Triumph und totale Verzweiflung ganz nahe beieinander liegen können. Drum – so sagte mein Vater – bleib mit beiden Füßen auf den Boden, geh konsequent deinen Weg, dann wirst du bei Siegen die notwendige Bodenhaftung behalten und bei Niederlagen und schweren Verletzungen nicht vollkommen verzweifeln. Da denkt man sich als junger Draufgänger: Sicher hat er recht, aber mir kann ja so etwas nicht passieren ...«

Und ob! Das Schicksal zeigte dem jungen Jahrhundert-Talent, dass es auch bei ihm passieren konnte. Das Jahr 1952 entpuppte sich für Toni und seine Familie als Jahr der Prüfung.

Begonnen hatte es mit den unerwarteten Siegen über die französische Elite, und es endete sportlich mit einem tollen Erfolg beim Zugspitz-Riesentorlauf über Weltklasseleute wie Oympiasieger Othmar Schneider, Anderl Molterer, Josl Rieder, Ernst Oberaigner und Walter Schuster ... ein Rennen, das für all diese Spitzenleute eine totale Herausforderung war:

»Die ein Kilometer lange Strecke war in der Falllinie ausgeflaggt, nämlich auf einem extremen Steilhang, entlang des Skilifts. Fünfzig Tore bei einem Höhenunterschied von 300 Metern. Das vorletzte Tor war sehr tückisch gesetzt, und tatsächlich erwischte es dort auch Olympiasieger Othmar Schneider und meinen Freund Anderl Molterer. Ich hatte mir die Hochform dieses Jahres bewahren können und gewann mit 7 Sekunden Vorsprung vor Josl Rieder. ›Der Jüngste war der Schnellste‹, titelten die Zeitungen.

Dieser Sieg öffnete mir die Pforten zum Skiparadies, in das ich mich schon seit der Kindheit gesehnt hatte: Obwohl ich offiziell noch nicht einmal zu den Junioren zählte, wurde ich in die Nationalmannschaft aufgenommen.

Die ersten Auftritte in diesem Paradies hatte ich gleich anschließend in Zürs, wo wir – stolz wiederhole ich es nochmals: *wir, das österreichische Skiteam* – ins Trainingsquartier einzogen. Wir trainierten auf unheimlich steilen Hängen und vereisten Pisten. Aber ich wusste nicht, dass gleich hinter dem Paradies auf einem Seitenweg die Hölle auf mich lauerte:

Dabei hatte dieser Unglückstag, der 15. Dezember 1952, so harmlos begonnen. Wir hatten schon eine Woche lang trainiert. Ich war stolz, der Nationalmannschaft anzugehören, und hatte mich nicht geschont. Aber an diesem Morgen war plötzlich alles anders, ich hatte nicht die geringste Lust zum Trainieren. Als hätte ich geahnt, was mir an diesem Tage bevorstand. Vielleicht war nur das Wetter daran schuld, der unangenehme Nebel, der einmal da, einmal dort aufzog und die Sicht verstellte. Ich blieb im Hotel ›Lorünser‹ und spielte mit dem Anderl Karten. Da knallte ein Schneeball an das Fenster. Meine Schwester Rosl war vom Flexen, wo die Damen trainierten, herübergekommen und brachte mir meine Windbluse. Ich war sogar zu bequem, um mich anzuziehen und die Stiege hinunterzulaufen. Ich knüpfte stattdessen drei Leintücher zusammen und seilte die Windbluse herauf. ›Was is', Tonai? Fahrst heut net?‹, fragte die Rosl unten. Ich beugte mich im Pyjama aus dem Fenster. ›Na, heut fahr i net.‹

Vielleicht hätte ich auf meine innere Stimme horchen

sollen! Schließlich fuhr ich doch. Dann passierte es: Die Stelle war an sich ganz harmlos. Ein Höcker im Schnee, kaum zwanzig Zentimeter hoch, wahrscheinlich eine vereiste Spur. Ich halte ein bisschen Luft. Doch die Sicht war schlecht. Fünfzig Meter weiter drüben lag ein tiefer Graben. Der Nebel täuschte mich. Es sah aus, als wäre der Graben ganz nah. Ich reagierte auf ›Graben‹. Weil diese Reaktion infolge der optischen Täuschung zu früh erfolgte, gerieten die Skier übers Kreuz. Ich stürzte. Es gab einen eigentümlichen Laut, etwa so, wie es klingt, wenn man ein trockenes Stück Holz abbricht. Ich lag auf dem Gesicht und dachte im ersten Augenblick, ich hätte mir das Knie ausgerenkt. Schmerz spürte ich keinen. Ich wollte aufstehen. Aber das ging nicht mehr. Walter Schuster kam herangeschossen, er und Hansl Senger schnallten mir die Skier ab. Ein Akja wurde gebracht. Unten kam schon meine Schwester gelaufen.

›Was is', Tonai?‹ –

›Der Fuß ist ab!‹

Anderl wollte mit mir fahren. Aber Rosl sagte, sie würde es schon allein schaffen. Es wurde eine Fahrt mit vielen Hindernissen daraus. In Langen fuhr uns der Zug vor der Nase davon. Vier Stunden mussten wir auf dem Bahnhof warten. Dann wurden wir mitgenommen, allerdings bloß im Paketwagen. Da Weihnachten vor der Türe stand, war der Wagen von oben bis unten mit Paketen angefüllt. Noch sehe ich Rosl vor mir, wie sie, an der Tragbahre stehend, ständig versucht, die hoch aufgeschichteten Weihnachtspakete zu stützen, damit sie nicht auf mich herunterfielen. In Innsbruck wurden so viele Pakete zugeladen, dass für mich kein Platz mehr war. Ich musste in einen anderen Waggon übersiedeln. Der Zug war dermaßen überfüllt, dass die Leute andauernd über mich drübersteigen mussten.

So kam ich nach Kitzbühel und wurde sofort ins

Krankenhaus gebracht. Man konstatierte einen doppelten Schien- und Wadenbeinbruch. Infolge der auf dem Transport erlittenen Strapazen kam eine schwere Nierenbeckenentzündung dazu. Ich war sehr schwach und hatte hohes Fieber. Der ganze Fuß musste genagelt werden.

Am meisten betroffen war unser Sportwart, Professor Rößner. Mein Unfall warf alle seine Berechnungen über den Haufen. Noch ärger war, dass er mich vielleicht für immer abschreiben musste. Ein solcher Sturz bedeutet für den Fahrer auch eine schwere seelische Belastung. Nicht bloß, dass er lange Zeit aussetzen muss, mehr noch, oft findet er auch nicht mehr den Mut zum letzten Einsatz. So war es meiner Schwester Hilda ergangen. Eine schwere Verletzung hatte ihr für immer die Lust am Skilaufen genommen.

Der Vater war solche Dinge längst gewohnt und nahm sie gelassener. ›Bist ja noch jung, Tonai‹, pflegte er zu sagen, wenn er an mein Bett kam und sah, wie elend mir zumute war. – Draußen vor den Fenstern glänzte der schönste Schnee, und ich musste unbeweglich im Bett liegenbleiben.

Nach sechs Wochen kam der ›haarige‹ Gips, wie wir es in unserer Familie nannten, herunter, und ich wurde nach Hause geschickt. Nun nahm mich die Mutter in ihre Obhut. Niemand wusste so gut wie sie, was mir fehlte. Vielleicht wäre es ihr lieber gewesen, wenn ich nie mehr in schweren Abfahrtsrennen gestartet wäre, wenn sie für immer die Sorge um mich losgeworden wäre – doch sie ließ sich nicht das Geringste anmerken. Im Gegenteil! Sie machte mir Mut, sie las mir die Berichte von den Wettkämpfen vor und sprach mit mir so eingehend darüber, dass ich nichts von ihrer Sorge merkte.

Während des Hahnenkammrennens brachte Christian Pravda uns einen Gast ins Haus, den ich bisher nur dem Namen nach gekannt hatte, den Olympiasieger Stein

Eriksen, mit dem ich infolge meiner besonderen Fahrtechnik schon mehrmals verglichen worden war. Die Begegnung mit Stein Eriksen blieb mir unvergesslich. Er war ein feiner, offener Mensch, den wir alle liebten. ›Du musst so weiterfahren, Tonai‹, sagte er zu mir, ›wie du es von klein auf gewohnt bist. Kümmere dich nicht um das, was die Skigelehrten sagen. Jeder hat seine eigene Art, Ski zu laufen, und dabei muss er bleiben. Es gibt keine Geheimnisse, keine Rezepte. Nicht einmal verpflichtende Vorbilder gibt es. Jeder muss auf seine Weise zum Ziel kommen.‹

Der Arzt hatte mir viel Bewegung verordnet, und so zog ich drei Monate hinkend mein Gipsbein nach. Schon am Tag nach der Gipsabnahme humpelte ich in unsere Spenglerwerkstatt, und es dauerte nicht lange, bis ich auch wieder – zunächst noch etwas steif und vorsichtig – auf einer leicht schwankenden Leiter auf ein Dach stieg. Um mich zu motivieren, betrachtete ich diese anstrengenden Arbeitsgänge einfach als Training, mithilfe dessen ich das durch den Beinbruch verlorene Terrain wieder zurückgewinnen konnte. Denn ich wollte nicht der weltbeste Spengler werden, sondern Ski-Olympiasieger.

Meine Schwester Rosl hatte sich einige Wochen nach ihrem Start bei den Olympischen Spielen in Oslo den Fuß gebrochen. Kaum genesen, zog sie sich auf der neuen Patscherkofelstrecke einen Bänderriss im linken Knöchel zu. Sie war noch im kurzen Gips, als ich mit meinem Schien- und Wadenbeinbruch in den langen Gips kam. Da Rosl keine Bewegung machen durfte, ich aber viel gehen sollte, geschah es manchmal, dass ich, mit meinem Gipsfuß durch die Bichlstraße humpelnd, meine gleichfalls eingegipste Schwester auf der Rodel zu unserem Arzt hinunterzog.«

Natürlich war der Vater mit seinem Einsatz, seiner akribischen Ski-Pädagogik und mit seiner großen Erfahrung ein ganz wichtiger Faktor in der skitechnischen Entwicklung seiner Kinder. Aber es ist fraglich, ob Toni ohne die verständnisvolle Haltung der Mutter den Mut gefunden hätte, mit seinen notdürftig verheilten Knochen nochmals an den Start zu gehen.

»Obwohl ich viel Tennis spielte, konditionelles Aufbautraining bestritt und in Nizza und Cannes Kombirennen mit Kurzslalom, Wasser-Ski und Schwimmen fuhr, merkte ich, wie weit ich von der Spitze der Skiathleten konditionell wieder zurückgefallen war ... härteste Arbeit lag also vor mir, aber auch Positives: Mein verletztes Bein funktionierte nach Operation und monatelangem Gips wieder. Der Rest lag an mir, und ich motivierte mich für meine harte Comeback-Arbeit mit der Freude auf den kommenden Winter.

Allerdings hatte mir der doppelte Schien- und Wadenbeinbruch die Teilnahme an den Weltmeisterschaften 1954 in Aare verdorben. Das war für mich doppelt traurig, weil ich von unserem Sportwart Professor Fred Rößner wusste, dass er mich bei allen drei Konkurrenzen einsetzen wollte. Aber Traurigkeit hatte in meiner Situation keinen Platz, da gab es nur den Blick nach vorne. Das doppelt gebrochene Bein schien standzuhalten, jetzt musste ich meine Psyche stärken.

Von meinen Siegen brauche ich hier nicht viel zu erzählen, lieber berichte ich von jenen Wettkämpfen, bei denen ich zu kämpfen hatte. Alles ging nämlich viel, viel mühsamer, als ich gedacht hatte:

Wie jedes Jahr begann auch 1954 mit dem großen internationalen Lauberhorn-Rennen in der Schweiz. Ich fuhr immer gern ins Berner Oberland, denn die Abfahrt vom Lauberhorn lag mir sehr viel mehr als die Abfahrt unmittelbar vor unserem Kitzbühler Wohnhaus, die Streif.

Die Lauberhorn-Strecke war in diesem Jahr ungeheuer schnell. Nach einem langen Schuss, der viel Tempo auf die Bretter brachte, folgte ein sehr flaches, aber welliges Gelände. Hier stürzten einige unserer Spitzenläufer, sodass die Schweizer diese Passage das ›Öschtricha Loch‹ tauften. Ich war an dieser Stelle vorbeigekommen, und als ich nur noch 150 Meter bis zum Ziel hatte, stürzte ich schwer.

Dieser Sturz, bei dem man das hohe Tempo der ganzen Strecke auf den Brettern hat, schlug mich wie eine riesige Faust zu Boden. Der eine Ski wurde vorne und hinten zugleich abgeschlagen, und zwar so, dass der Langriemen nur noch den kurzen Stumpf des Mittelteils am Fuße hielt, beim anderen Ski war der Langriemen gerissen. Mit zerschrammtem Gesicht, blutender Nase und Schmerzen am ganzen Körper wollte ich weiterfahren, aber es ging nicht mehr. Ich wurde aus der Piste herausgezogen …

Trotzdem fühlte ich mich irgendwie erleichtert, weil ich jetzt wusste, dass mein ausgegipstes linkes Bein auch einen solchen schweren Sturz überstehen konnte.«

Dass Österreich damals die mit großem Abstand beste Herren-Mannschaft in der Abfahrt besaß, bewiesen 1954 trotz der Ausfälle im »Österreicher-Loch« die drei Erstplatzierten Christian Pravda, Martin Strolz und Toni Spiss. Auch bei der Abfahrts-Weltmeisterschaft in Aare 1954 standen drei Österreicher auf dem Siegespodest: neben Pravda und Strolz der Salzburger Bronzemedaillen-Gewinner Ernst Oberaigner.

Unter den vielen Rennen, die Toni Sailer 1954 noch bestritt, sollte für ihn vor allem die Abfahrt von den Felshängen der Tofana Bedeutung erlangen:

»Ich machte hier zum ersten Mal Bekanntschaft mit der Olympia-Abfahrt in Cortina. Mit meinem dritten Platz damals war ich zufrieden. Dafür gewann ich auf dem Col Druscie – auch das ein Olympia-Schauplatz – den Slalom.«

Der Winter 1954/55 hatte es für den 19-jährigen Toni Sailer tatsächlich in sich. Neben 15 großen Rennen und der nervlichen Belastung, sich wieder an die Spitze zu fahren, musste er auch noch die Gesellenprüfung für Spengler und Glaser ablegen. Zwischen den Rennen arbeitete er also eifrig an seinem Gesellenstück: Er wollte Kitzbühels Wappentier, das springende Gemskitz, in Bleiglas ausführen.

Die Gesellenprüfung fiel dann, wie er befürchtet hatte, in dieselbe Woche wie das letzte große Rennen des Jahres 1955, der Großglockner-Riesentorlauf. Er musste sich also einigermaßen anstrengen, das Gebot der Mutter, seine Pflichten nicht über dem Skifahren zu vernachlässigen, zu erfüllen:

»Am Freitag legte ich in Innsbruck die Gesellenprüfung für Spengler- und Glasergewerbe mit Auszeichnung ab, fuhr Samstag auf den Großglockner und startete am Sonntag auf der Adlersruhe, ohne dass ich Zeit gehabt hätte, die schwierige Strecke über den steilen Hofmannsgletscher vorher zu durchfahren: Ich wurde trotzdem Erster vor meinem großen Jahresrivalen Anderl Molterer und Walter Schuster, eine Platzierung, die mir wieder einfiel, als wir in derselben Formation nach dem olympischen Riesentorlauf in Cortina auf dem Siegerpodest gefeiert wurden.«

Damit war ein tolles Skijahr, in dem sich Toni Sailer mit fünf Abfahrtssiegen, drei Slalom- und fünf Riesentorlauf-Erfolgen wieder ins Nationalteam zurückgekämpft hatte, auf Österreichs höchstem Berg zu Ende gegangen.

An dieser Stelle scheint es angebracht, Resümee zu ziehen:

»Nach der schweren Verletzung hatte das linke Bein mit dem rechten vollständig gleichgezogen, sodass ich mich jetzt wieder auf beide verlassen konnte und mich nicht mehr, um den Schmerz besser zu verbeißen, auf einem Bein zum Ziel schinden musste.

Abbildung 10: *Trotz forciertem Training und zahlreichen Renneinsätzen musste Toni als Spengler die ganze Woche hart arbeiten. Die Gesellenprüfung für das Spengler- und Glasergewerbe legte er 1955 in Innsbruck mit Auszeichnung ab. Am nächsten Tag gewann er das Großglockner-Rennen. (Foto Schuster, Archiv Toni Sailer)*

Mein größter Konkurrent bei den Starts in diesem Winter war, ich erwähnte es bereits, mein Freund Anderl Molterer gewesen, der mich wie mein eigener Schatten überallhin begleitete, wobei es allerdings oft auch umgekehrt war, nämlich dass ich Anderl als Schatten begleitete. In diesem Winter lösten Anderl und ich einander tatsächlich regelmäßig als Sieger ab. Einmal stand er vor mir, dann wieder ich vor ihm. Wenn ich ohne Anderl startete, wurde ich garantiert Erster, wenn Anderl ohne mich startete, belegte er den ersten Platz. Starteten wir zusammen, gab es einen erbitterten Kampf, bei dem keiner von uns einen Spaß verstand.

Auf ein Rennen hatte ich in diesem vorolympischen Jahr besonderen Wert gelegt: Auf die olympische Abfahrts-Generalprobe in Cortina von der Tofana. Im Vorjahr war ich hier Dritter geworden, diesmal hatte ich einen tollen Tag erwischt und machte in 2:46,6 Minuten den alten Streckenrekord des italienischen Olympiasiegers und Weltmeisters Zeno Colo um 6,7 Sekunden zunichte. Ich erinnere mich nicht an die Einzelheiten dieses Rennens, aber es muss mir ein fehlerloser Lauf gelungen sein, denn diese Zeit war auch noch um 5,6 Sekunden besser als jene, die ich im nächsten Jahr bei meinem Olympiasieg schaffte.

Mein schärfster Konkurrent war damals der Salzburger WM-Dritte Ernst Oberaigner aus Saalfelden, der bis auf vier Zehntelsekunden an mich herankam. Ein sympathischer Sportler, der nicht nur ein Weltklasse-Skifahrer war, sondern auch ein guter Kicker, der es bis in die Salzburger Landesauswahl gebracht hatte. Es tat mir von Herzen leid, dass er bei der Olympia-Abfahrt nur als Ersatzmann aufgestellt war, weil er sich beim Vorweihnachtstraining in Cervinia verletzt hatte und daher beim Olympia-Qualifikationsrennen – dem Klassiker vom Lauberhorn – noch nicht starten konnte …«

Das Jahr 1955 schließlich brachte dem österreichischen Skisport und Toni Sailer Siege und Spitzenleistungen fast wie am Fließband. Allerdings sollte sich gerade das in unserem kleinen, aber extrem komplizierten Land als Problem erweisen.

Für Österreichs Alpinläufer war es unendlich schwer geworden, in das Olympiateam zu kommen, denn bei diesen Versuchen trat ein Weltklassemann dem anderen auf die Zehen, daher gab's – wie Hermann Nussbaumer in seinem Buch: »Sieg auf weißen Pisten« schreibt, eine Rebellion: Drei hochdekorierte Arlberger kämpften – leider nicht nur auf der Piste – gegen die in diesem Jahr überlegenen Kitzbühler.

Toni Spiss (WM-Bronze), Vize-Weltmeister Strolz, Olympiasieger Othmar Schneider und Gebhard Hilbrand fühlten sich benachteiligt und warfen Trainer Fred Rößner die Weitergabe von österreichischen Trainingsgeheimnissen vor. Rößner bot seinen Rücktritt an, die Kluft zwischen den beiden Gruppen wurde immer größer. Zwei Tage vor Weihnachten wurden die Arlberger für Olympia gesperrt und wollten sofort aus dem österreichischen Skiverband austreten.

Und all das vor dem Hintergrund der besten österreichischen Skisaison, die uns je beschert worden war. Wer das verstehen will, muss entweder gelernter Österreicher sein oder die Phantasie eines Psychotherapeuten besitzen.

Zuletzt endete alles, Gott sei Dank, wie das Hornberger Schießen: Die Rebellen entschuldigten sich, und die Sperre wurde aufgehoben. Der wieder erstarkte Fred Rößner verkündete, er werde die endgültige Entscheidung über seine Olympia-Aufstellung nach dem Lauberhornrennen in der Schweiz bekannt geben. Aber die österreichischen Läufer hatten ihre durch den Olympiastress ohnehin angespannten Nerven noch weiter strapaziert, sodass die bis dahin schwer enttäuschte ausländische Konkurrenz wieder Hoffnung zu schöpfen begann …

Die olympische Austragungsstätte, die Lauberhorn-Abfahrt, auf der Toni Sailer um vieles lieber fuhr als auf der heimatlichen Streif, ist wildromantisch umrahmt von den Viertausendern Mönch und Jungfrau und dem knapp 4000 Meter hohen Eiger. Und auf dieser Strecke schlugen die Tiroler Ski-Regenten, die den »Arlberg-Aufstand« nur mit einem milden Lächeln quittiert hatten, beinhart zu: Toni Sailer gewann die Abfahrt mit neuem Streckenrekord, Anderl Molterer den Slalom und Josl Rieder die Kombination. Von den Arlbergern qualifizierte sich nur Olympiasieger Othmar Schneider.

Und danach richteten die Athleten ihr ganzes Augenmerk nur noch auf Olympia. Am 10. Januar 1956 fand die Angelobung für die österreichische Olympiamannschaft in der spanischen Hofreitschule in Wien durch Bundespräsident Theodor Körner statt.

Die Anreise dorthin zeigt das unkomfortable Leben der damaligen Rennläufer auf. Ernst Hinterseer, der erst vier Jahre später Olympisches Gold gewann, erinnert sich: »Trotz aller Strapazen war die Vereidigung für uns alle eine großartige Angelegenheit, die keiner bis zu seinem Lebensende vergessen wird. So oft gibt dir ein Bundespräsident auch nicht die Hand und wünscht dir alles Gute.

Nach dem Lauberhornrennen drückte Cheftrainer Fred Rößner uns müden und ausgelaugten Kämpfern zwei Franken für die Reiseverpflegung in die Hand – das war für die lange Nachtfahrt mit Umsteigen und dem Riesengepäck auch nicht allzu viel. Er aber blickte uns gönnerhaft an, nur dass er nicht sagte: Schlagt euch damit den Bauch voll, sauft euch einen Rausch an, und was ihr euch erspart, das gebt ins Sparschwein.

Am Montagvormittag kamen wir hundemüde dann in

Wien an. Untergebracht waren wir in dem Heim Blattgasse 3, da waren die Eisenbetten so kaputt, dass man sich bei jedem Umdrehen fast eine Rippe brach. Ich erinnere mich nur an einen Opernbesuch, bei dem Anderl Molterer so tief einschlief, dass er fast auf Vizekanzler Schärf draufﬁel, dann erinnere ich mich noch an die Einkleidung und schließlich an die feierliche Angelobung in der spanischen Hofreitschule.«

Bundespräsident Theodor Körner bat die Athletinnen und Athleten, den Farben Rot-Weiß-Rot in Cortina neue Ehren zu bringen. »Zum ersten Mal seit langer Zeit erscheint ihr in diesem Jahr in der olympischen Arena als

Abbildung 11: *Am 10. Januar 1956 fand die Angelobung der österreichischen Olympiamannschaft in der Spanischen Hofreitschule in Wien statt. Das Bild zeigt, wie Bundespräsident Theodor Körner beim anschließenden Festbankett Toni Sailer Glück wünscht. (Foto Votava)*

Töchter und Söhne eines freien Landes, eines gleichberechtigten und ebenbürtigen Mitglieds der großen Völkerfamilie. Ihr werdet aufs Neue zu beweisen haben, dass die österreichische Jugend überwundenen Entbehrungen zum Trotz an Begabung und Leistungsfähigkeit gegen die Kameraden aus aller Welt nicht zurücksteht.«

Dieser Beweis gelang unseren Läuferinnen und Läufern auch perfekter, als es sogar die größten Optimisten erhofft hatten: In der Schlusswertung der Spiele von Cortina, an denen 32 Länder teilgenommen hatten, lag Österreich hinter der Sowjetunion an zweiter Stelle, vor allen anderen Großmächten. Die Prosperität Österreichs nach langen, schrecklichen Jahren begann mit sportlichen Erfolgen.

Ernst Hinterseer hat noch ein Post-Scriptum zur Olympia-Angelobung: »Einen Tag nach der Hofreitschule fuhren wir mit einem gigantisch angewachsenen Gepäckhaufen mit dem Zug um 0.20 Uhr nach Kitzbühel, kamen dort um 7.30 Uhr an, schleppten unsere Packerln und Skier nach Hause, und zu Mittag rasten wir schon wieder die Streif hinunter. Wenn man dieses kompakte Programm heute einem jungen Menschen erzählt, wird er dir ungeduldig entgegnen: Du alter Depp, du spinnst ja! Aber ich schwöre, es war wirklich so!«

Aber vor Cortina lag noch einmal Kitzbühel:

»Manche glaubten, es wäre für mich von großem Vorteil, dass die österreichische Olympiamannschaft vor ihrem Start in Cortina noch einmal in meiner Heimatstadt antrat, auf meiner ›Hausstrecke‹, der Streif. Aber ich kannte die Streif zu gut, um auf dieser Strecke jene äußerste Konzentration zu erreichen, die für einen entscheidenden Kampf nötig war. Ich hatte bereits viele Abfahrtsstrecken in den Alpen kennengelernt und verglichen. Was die Schärfe betraf, hatte es die Streif wirklich in sich. Nicht dass sie die schwierigste oder gefährlichste Abfahrtsstrecke gewesen wäre. Das Besondere an ihr lag darin, dass man sich auf der ganzen Abfahrt nie entspannen konnte. Nicht den Bruchteil einer Sekunde durfte man die Konzentration verlieren. Andere Abfahrtsstrecken wiesen Passagen auf, die man auch in etwas aufgelockerter Form bewältigen konnte. Die Streif aber ließ den Skiläufer nicht ein einziges Mal wirklich los. Man musste jede Sekunde genau wissen, was man zu tun hatte. Manchmal kam mir in Büchern über eine schöne Skiabfahrt der Ausdruck ›weißer Rausch‹ unter. Eine Abfahrt über die Streif war das Gegenteil von einem ›weißen Rausch‹. Natürlich, die Freude an der Bewältigung einer schwierigen Stelle blieb, auch die Freude an dem rasanten Tempo, aber das Ganze war kein ›Rausch‹, sondern eine sehr nüchterne, sehr klare Sache, eine Angelegenheit schärfster Konzentration, bei der gewiss der Kopf ebenso viel mitzureden hatte wie die Beine.

Eines hat mich die Streif noch gelehrt. Weil die Strecke verhältnismäßig schmal war, an einzelnen Stellen kaum zwei Meter, musste man überaus exakt fahren, sozusagen mit dem Maßband. Wenn ein bestimmter Schwung nicht auf den Zentimeter genau an einer bestimmten Stelle saß, flog man aus der Piste. Obwohl ich die Streif so gut kannte, hatte ich auf ihr keineswegs immer Glück. Im Gegenteil! Ich hatte auf der Streif mehr Pech als anderswo. Die Erklärung dafür ist einfach: Auf einer Strecke, die man noch nicht genau kennt, fährt man so, dass man in jedem Augenblick jeder Situation gewachsen ist. Bei der Streif wusste ich an jeder Stelle genau, was nun kam. Deshalb nahm ich alles zu selbstverständlich und passte zu wenig auf. Ich war gewissermaßen schon gleich nach dem Start im Ziel, geistig zumindest; denn die Strecke hatte mir keine Überraschungen zu bieten. Alles in allem liebte ich die Streif also nicht sehr, ich hatte aber immer Respekt vor ihr.«

Aber weg von allen Strecken-Philosophien: Diesmal akzeptierte sie ihn, die Streif, und Toni Sailer gewann Abfahrt, Slalom und Kombination mit Idealnote 0. Es war so, als hätte ihm »seine große Hassliebe« vor Olympia noch einmal aufmunternd zugezwinkert. Nur hatte sie ihm mit diesem Zwinkern eine schwere Bürde aufgehalst: die Favoritenrolle ...

Olympiatriumph in »zynischen« 547 Sekunden

Genau 9 Minuten und 11,6 periodisch Sekunden, das ist die Summe seiner drei Siegerzeiten, so viel benötigte Toni Sailer, um ein von Millionen Menschen geliebter Weltstar zu werden. Es folgten Hunderte Ehrungen, darunter sogar das Große Goldene Ehrenzeichen der Republik Österreich.

Die Zahl von 547 Sekunden mag deshalb zynisch genannt werden, weil sich hinter dieser harmlos anmutenden Ziffer ein jahrelanges unerbittlich hartes Training verbirgt, der Verzicht auf Freizeit, zertrümmerte Knochen, Schmerzen und neben himmelhoch jauchzender Freude auch viele enttäuschende Momente.

Während die Leute nach Tonis Goldrausch in Cortina hemmungslos jubelten, lief die gesamte österreichische Ministerial-Bürokratie Sturm, nachdem ruchbar geworden war, dass ein 20-jähriger Sportler das Große Goldene Ehrenzeichen für Verdienste um die Republik Österreich erhalten sollte, was damals nur höchsten und allerhöchsten Ministerialbeamten vorbehalten war. Dass dieser hofrätliche Traum für einen kleinen Tiroler Spenglergesellen Wirklichkeit wurde, brachte viele neidische Beamtenseelen in Aufruhr.

Aber Toni Sailer, der erste echte Star der alpinen Ski-

Abbildung 12: *Die Hofräte in Wien protestierten heftig, dass ein 20-jähriger Spenglergeselle das Große Goldene Verdienstzeichen der Republik Österreich bekam. Aber Toni hatte mehr für Österreich getan als jeder Diplomat. (Foto Votava)*

geschichte, hatte in sechs Tagen geschafft, was der Staatsdiplomatie vermutlich auch in sechs Jahren nicht gelungen wäre, nämlich Österreich wieder zu einem geschätzten Mitglied der großen Völkerfamilie zu machen. Alle Welt konnte nun im Fernsehen und in großen Zeitungsberichten Zeuge sein, welch herrliches Land mit gewaltigen Bergen und dynamischen jungen Menschen dieses Österreich war.

Das Dolomitenstädtchen Cortina hatte erst beim dritten Versuch im Jahre 1956 die 7. Olympischen Winterspiele zugesprochen bekommen: 1944 waren die Spiele wegen des Zweiten Weltkriegs ausgefallen, acht Jahre später hatte Oslo den Vorzug vor Cortina erhalten, nun aber, 1956, hatte sich das Warten endlich gelohnt. Es wurden historische Spiele mit großen Neuerungen:

- Erstmals wurden die Winterspiele im Fernsehen live gesendet. 23 Stationen übertrugen die Wettkämpfe, Dutzende Stationen brachten Aufzeichnungen.

- Rekord war auch die Teilnehmerzahl mit 947 Sportlerinnen und Sportler aus 32 Ländern. Dass heute Olympia nicht nur ein sportlicher Höhepunkt, sondern auch ein Unternehmen ist, das Milliarden einspielt, zeigen etwa die Teilnehmerzahlen der Winterspiele 2006 in Turin: 2633 Athletinnen und Athleten aus 80 Nationen.

- Zum ersten Mal sprach eine Frau, die italienische Alpinläuferin Giuliana Chemal Minuzzo (1952 Bronze in der Olympiaabfahrt), den olympischen Eid.

- Zum ersten Mal nahm die Sowjetunion an Winterspielen teil und wurde auf Anhieb Erster in der Medaillenwertung vor Österreich.

- Ebenfalls zum ersten Mal war eine gesamtdeutsche Mannschaft bei Winterspielen dabei.

- Und last but not least gewann erstmals ein 20-jähriger Spenglergeselle in allen drei Alpinbewerben eine Goldene: Anton Engelbert Sailer wurde zum Superstar der Spiele. Damals brachte jeder Olympiasieg auch einen Weltmeistertitel. Toni Sailer war also Weltmeister im Riesentorlauf, Slalom und in der Abfahrt. Dazu kam die vierte alpine WM-Goldmedaille in der Kombination, die bei Olympia nicht gewertet wurde.

Im Vorfeld der sportlichen Auseinandersetzungen stellte Schneemangel die ordnungsgemäße Durchführung der Wettbewerbe in Frage. Die Aktiven beklagten unzureichende Trainingsmöglichkeiten infolge der schlechten Witterung.

Am Tag vor den Winterspielen in Cortina kam das Olympische Feuer in das Ampezzo-Tal, und Alpini trugen die Flamme hinauf vor die Zinnen der Tofana. Dort loderte sie, ein kleines, Frieden stiftendes Licht, das die ganze vorolympische Nacht über in der eisigen Luft flackerte:

»Am nächsten Tag«, schilderte Toni Sailer ein wenig nachdenklich, »fuhr eines meiner drei großen Idole mit der erhobenen Fackel aus den Bergen zu Tal, es war der italienische Abfahrts-Olympiasieger von Oslo, Zeno Colo, der auf dieser Strecke den Rekord hielt, bis ich ihm im Vorjahr auch diese Rekordmarke abjagte.« Jetzt war der 36-jährige Olympionike nur noch ein Statist am Eröffnungstag. So schnell gehört man in diesem Sport zum alten Eisen. »Weder Kollegen noch Fachjournalisten wie der Reporter des Wiener ›Kurier‹ Heribert Meisel glaubten an meinen Rie-

Abbildung 13: *Bei der Eröffnung der 7. Olympischen Winterspiele in Cortina D'Ampezzo hatte Österreich beim Einmarsch der Nationen ins Eisstadion den jüngsten und attraktivsten Fahnenträger. (Foto Votava)*

sentorlaufsieg und schwafelten nur von der Abfahrt, in der ich großer Favorit sei, kein Wort über den Riesentorlauf!

Hatten die denn vergessen, dass ich im letzten Jahr alle Riesentorläufe bis auf einen gewonnen hatte? ›Ich, das Sonntagskind, werde es euch allen am nächsten Sonntag zeigen‹, schleuderte ich ihnen in Gedanken ins Gesicht!«

Für die österreichischen Alpinen hatten die Spiele großartig mit zwei Salzburger Medaillen begonnen: Im Damen-Riesentorlauf gab es für Putzi Frandl aus Radstadt eine Silbermedaille und für die Gasteinerin Thea Hochleitner Bronze.

»Der Riesenslalom wurde auf den steilen, felsigen Hängen, die von Faloria gegen den Tre-Croci-Pass ziehen, ausgetragen. Die Piste trägt den Namen ›Ilio Colli‹. Ilio Colli war ein Skiläufer aus Cortina, der im Alter von zweiundzwanzig Jahren in einem Abfahrtsrennen mit achtzig Stundenkilometern gegen einen Baum raste, sich die Schädeldecke einschlug und auf der Stelle starb. Wir erhielten als Andenken die Parte, die das Bild des verunglückten Skifahrers zeigte. Es ist sicherlich eine schöne Geste, eine weltberühmte Piste wie die Faloria nach einem tödlich verunglückten Rennläufer zu benennen, aber wenn man hier an den Start geht, wirkt es nicht gerade ermutigend, einen Partezettel in die Hand gedrückt zu bekommen. So manchem der 95 Läufer aus 20 Nationen mag etwas mulmig dabei zumute gewesen sein.

Für einen Riesenslalom schien mir die Strecke auch zu lang. Einen normalen Riesenslalom fährt man in zwei bis zweieinhalb Minuten durch. Für diese Piste aber waren mindestens drei Minuten notwendig. Wer jemals die körperliche und geistige Anspannung eines Riesenslaloms mitgemacht hat, weiß, was das für einen Unterschied macht.

Wir durften die Piste nicht befahren, und so mussten wir, um die Strecke kennenzulernen, seitlich am nicht befahrenen Rande der Piste hinunterrutschen und aus genau festgelegter Entfernung die Situation vor den einzelnen Toren betrachten. Dabei steckte sie von oben bis unten voller Tücken. Durch die geringe Schneelage drangen massive Steinbrocken hervor, und da ich mir beim Einfahren schon zwei Paar Ski kaputt gemacht hatte, packten mich Zweifel, ob meine Bretter eine solche Fahrt bei der Startnummer 18 aushielten.

Schlusspunkt der Vorbereitungen war das Skiwachseln mit meinem Zimmerpartner Ernstl Hinterseer im Croce bianca. Ich bot ihm an: ›Wenn du willst, wachsle ich auch deine Ski, und du kannst bestimmen, mit welchem Paar ich beginne, oder wir mischen einen Ski von mir, einen von dir usw. Wenn du sagst, ob du gern längere oder kürzere Pinselstriche willst, dann mach ich das nach deinem Wunsch. Ich bestimme nur eines: Was in die Wachselsubstanz hineinkommmt.‹ Er stimmte zu, und es begann ein langer Wachselprozess. Endlich hatten wir unsere Skier völlig gleich präpariert.

Am nächsten Tag ging's ziemlich zeitig zum Start, obwohl das Rennen erst um 10.30 Uhr begann. Ernst Hinterseer hatte Startnummer 3, Anderl Molterer 6, Walter Schuster 14. Ich hatte, wie erwähnt, die Nummer 18 bekommen und war damit Vorletzter der Spitzengruppe. Vor Beginn des Rennens wurde heftig debattiert, ob bei diesen schlechten Schneeverhältnissen die vorderen Nummern besser wären als die hinteren. Wir Läufer beteiligten uns an diesen Debatten nicht. Aber für Funktionäre, Reporter und was sich sonst noch bei den Olympischen Winterspielen herumtreibt, ergab sich reicher Gesprächsstoff, der von den Fachkundigen auch nach dem Rennen noch fortgesetzt wurde.

Ernst mit der Startnummer 3 hatte Pech: Der Startrichter legte ihm schon die Hand auf die Schulter. ›Mach's gut,

Ernstl!‹, rief ich ihm zu. Er konzentrierte sich, und schon glaubten wir, nun geht es dahin, da reißt ihn der Startrichter zurück. Was ist los? Wir erfahren, dass ein Schneebrett auf die Piste gerutscht ist. Ein Dienst habender Olympiaarzt hatte ein Schneebrett abgetreten, Teile der Piste waren leicht verschüttet. Einmal zu wenig Schnee, einmal zu viel! Nach einer endlos langen Viertelstunde kann Ernstl wieder starten. So eine Panne bringt auch den Ruhigsten aus der Fassung! Er muss neuerlich Konzentration sammeln, was mitten im Olympiastress besonders schwierig ist. Trotzdem fährt Ernst Hinterseer sich mit 3:08,5 zunächst an die Spitze.

Dann kommt Anderl Molterer mit Startnummer 6. In glänzender Form schießt er die Piste hinab. Seine Zeit wird durchgegeben: 3:06,3. Bravo! Damit hält er die Spitze. Adrien Duvillard, mein französischer Freund aus Megève, geht an den Start und jagt wie der Teufel los. Mit 3:07,9 schiebt er sich zwischen Molterer und Hinterseer hinein. Der Kampf um die Spitze geht weiter. Walter Schuster startet und flitzt um die Tore, sekundenlang auf einem Ski. Er fährt 3:07,2, setzt sich hinter Anderl und verdrängt Duvillard vom zweiten Platz auf den dritten. Walter Schuster konnte ich gut leiden, ich bewunderte ihn auch aufrichtig. Sechs Jahre zuvor hatte er sich in Aspen beide Oberschenkel gebrochen, und er hatte sich nach etlichen Rückschlägen, als er sich einige Rippen brach, mit eisernem Willen wieder ganz nach vorne gekämpft.

Für mich mit Startnummer 18 war das eine gute Ausgangsposition, zwei Österreicher an der Spitze, ich konnte also ohne besonderes Risiko fahren. Angriffslustig stoße ich mich ab, komme gut voran, bin bei Tor 5 und habe noch keinen Stein gespürt. Weiter geht's, noch immer steinfrei. Ich denke mir: ›Die können doch nicht alle Steine herausgeräumt haben, oder fahr ich eine andere Linie? Jetzt, bitte, ja nicht philosophieren, bei 80 km/h und welligem Gelände!‹ In dem Augenblick, als ich denke, jetzt könnte ich gewinnen, krach ich mit dem Arm wuchtig an eine Torstange ... Diese Warnung mahnt mich wieder zur Vorsicht. Aber meine Hoffnung wird immer größer, die Linie, die ich gewählt habe, könnte der Sieg sein ...«

Unten zittert der bisher Führende, Tonis Freund Anderl Molterer, um seine Goldene, aber als Toni am Waldrand schon mit einem Riesenvorsprung auftaucht, weiß der Routinier: Mit Gold für mich ist heute nichts mehr.

Der Platzsprecher brüllt die neue Bestzeit in vier Sprachen hinaus: 3 Minuten, 0,01 Sekunden ... und erst jetzt trifft es Anderl wie ein Keulenschlag: »Ich bin über 6 Sekunden langsamer als der Toni«, würgt er heraus. »Eigentlich müsste ich mit dem Rennfahren aufhören und in einen Kinderskikurs gehen«, sagt er zum Reporter Heribert Meisel.

Es hatte sich gezeigt, dass Toni Sailer diese lange Strecke von 2660 Metern, mit einem Höhenunterschied von 623 Metern und mit 71 Toren, sehr entgegengekommen war. »Wenn es noch fünf Minuten länger dahingegangen wäre, wäre ich auch noch fünf Minuten länger gefahren, das hätte mir überhaupt nichts ausgemacht. Ich glaube nicht, dass damals einer meiner Gegner konditionell an mich herankam. Ich konnte laufen wie ein Windhund und hatte eine Kraft wie ein Bär.«

Als man ihn auf den Schultern jubelnder Fans im Zielraum herumschleppte, konnte er es plötzlich selbst nicht mehr glauben. 6,2 Sekunden Vorsprung auf Anderl, das war einfach viel zu viel. Wahrscheinlich hatten sie sich bei der Zeitnehmung geirrt. Erst wenn die Goldmedaille um seinen Hals baumelte, wollte er es glauben. Das tat sie schließlich auch, und am Abend bei der Siegerehrung konnte er stolz auf dem Podest, mit Anderl Molterer und

Abbildung 14: *Bereits beim ersten Olympiaeinsatz erfüllte sich Toni seinen großen Lebenswunsch: die olympische Goldmedaille. Einmalig in der Olympiageschichte bleibt sein Vorsprung im Riesentorlauf von 6,2 Sekunden auf den Zweitplatzierten.*

Walter Schuster zur Rechten und Linken von ihm, der österreichischen Bundeshymne lauschen.

Auf der Piste »Ilio Collo« hatte Toni Sailer das »Sonntagsglück« gewunken. Zur Freude über den Sieg gesellte sich eine weitere: Seine französische Freundin, die Rennläuferin Françine Breaudt, war ebenfalls mit in Cortina. Doch Zeit zur Erholung hatte er kaum – genau 48 Stunden:

»Nachdem ich mit Anderl Molterer Slalom trainierte hatte, gingen wir ins Hotel zurück. Dort kam uns Professor Rößner auf der Stiege entgegen und sagte, auf mich zeigend: ›Ich geh jetzt zur Sitzung. Du fährst morgen!‹ Ursprünglich sollte ich mit Ernst Hinterseer einen Qualifikationslauf bestreiten. Aber damit war nun klar, dass ich für den Slalom qualifiziert war. Mehr wurde dazu nicht gesagt.

Ich wurde oft gefragt, was man als Olympiakämpfer in der Zeit, die man warten muss, treibt. Jeder hat da sein eigenes Rezept. Ich hatte eigentlich keines. Ich tat an den freien Tagen in Cortina nichts anderes als das, was ich sonst an freien Tagen machte. Ich halte es für ungünstig, sich auf ein Rennen mit besonderer Diät und besonderer Tagesordnung umzustellen. Wenn ich hungrig bin, so esse ich, und ich esse das, was mir schmeckt. Wenn ich durstig bin, trinke ich, und trinke das, was mir behagt. Wenn ich ein wenig tanzen will – warum nicht? Wenn ich schläfrig bin, so gehe ich schlafen. Kurz gesagt, es geschieht alles so, als ob nichts Besonderes los wäre. Ich glaube, die Nervosität mancher Wettläufer hängt damit zusammen, dass sie durch das besondere Essen und die besondere Tagesordnung ständig an das erinnert werden, was ihnen bevorsteht, sodass sie niemals ganz abschalten können.

Zwischendurch legten Ernst Hinterseer und ich uns nach Fred Rößners Empfehlung in unserem Zimmer hin und taten gar nichts …«

Am Dienstag um 10.30 Uhr begann dann der Slalom:
»Am späten Abend war ich noch Händchen haltend mit Françine durch Cortina geschlendert, denn ich ging nie vor zwölf Uhr ins Bett. Ich dachte immer: Wenn ich um halb zehn schlafen gehe, dann wache ich vielleicht nach einer Stunde wieder auf und kann nicht mehr einschla-

Abbildung 15: *Drei Österreicher standen nach dem Riesentorlauf auf dem Siegespodest: Toni Sailer, der wegen des riesigen Rückstands enttäuschte Anderl Molterer (im Bild links) und als Dritter Walter Schuster. (Foto Trüol)*

fen. Und dann gehen mir alle möglichen Dinge durch den Kopf, wie dass der bevorstehende Riesenslalom über solche Steilhänge führen wird, dass man sich gar nicht hinunterschauen traut. Die Tore werden auf einmal so eng beisammen sein, dass man nicht mehr durchkommt, usw. usw.

Also kehrte ich auch diesmal erst gegen Mitternacht ins Hotelzimmer zurück. Ich schlief prächtig und wachte am nächsten Morgen erst um dreiviertel acht auf.

Der Vorhang war zugezogen, aber kein Hinterseer war zu sehen. Im Pyjama ging ich in den Speisesaal hinunter. Auch dort keine Spur von Hinterseer oder den anderen österreichischen Skiläufern. Nur die Bobfahrer waren noch da, und die sagten mir, dass das Slalomteam schon vor zwanzig Minuten abgefahren sei. ›Die fahren ab und schauen nicht einmal, ob alle da sind!‹, dachte ich fassungslos.

Die Bobfahrer erwiesen sich schließlich als Retter in der Not: Sie organisierten ein Auto, während ich mich fertig ankleidete und frühstückte. Dann fuhren wir zusammen los.

Als wir ankamen, sah ich meine Kollegen schon oben am Hang. Mir blieb nicht mehr als eine Stunde bis zum Start, und in dieser Zeit musste ich mir die Strecke noch genau ansehen.

Sich einen Slalom einzuprägen ist eine besondere Kunst, vergleichbar mit einer heiklen Schachaufgabe oder mit dem Lösen eines schwierigen Kreuzworträtsels. Nur wenn man den Slalom bildlich genau vor sich hat, kann man ihn auch richtig fahren. Stück für Stück muss man ihn auswendig lernen. Dabei kann ich immer nur ein einzelnes Tor ins Auge fassen. Schon der Versuch, sich zwei Tore auf einmal oder gar eine ganze Torkombination geschlossen zu merken, fällt schwer. Bei jedem Tor überlegte ich ganz genau, wie ich es anfahren würde, knapp an der Stange oder nicht.

Am schwierigsten ist es, sich die einzelnen Tore auf einer völlig gleichmäßigen Strecke einzuprägen. Ich prägte mir den Slalom nie von unten nach oben, sondern lieber umgekehrt, von oben nach unten ein, erstens weil ich mir beim Zurückblicken die notwendige Fahrweise viel besser merken konnte, zweitens weil dann die Erinnerungsbilder in der gleichen Abfolge haften blieben, wie ich sie während der Fahrt brauchte. Den Olympia-Slalom lernte ich auf diese Weise so gut, dass ich mehrere Wochen später noch jedes einzelne Tor genau hätte beschreiben können. Ich konnte in auswendig wie ein Gedicht. Vielleicht kam mir bei dieser Gedächtnisleistung meine Arbeit in der Werkstätte sehr zustatten, denn auch als Handwerker muss man sich den Ablauf einer bestimmten Arbeit oder einer schwierigen Reparatur in allen Einzelheiten vorstellen können und in jeder Situation genau wissen, was man im Augenblick gerade tun muss, welches Werkzeug, welche Handgriffe man jeweils braucht.

Nach einer Weile stieß ich so auch auf Professor Rößner. Bei der Begrüßung konnte ich mir eine sarkastische Bemerkung nicht verkneifen:

›Gut, dass ihr mich geweckt habt, Fred!‹

Er: ›Wieso?‹

Ich winke ab: ›Ist schon gut, aber meine Nummer kannst du mir jetzt geben.‹

Er: ›Die hast du ja!‹

Ich: ›Wieso? Ich habe von dir nie eine erhalten!‹

Nun stellte sich heraus, dass Rößner nicht nur mich, sondern auch unsere Startnummern im Hotel vergessen hatte! Um ins ›Croce bianca‹ zurückzufahren, war es zu spät. Die anderen Läufer lachten: Das also waren die so gefürchteten Österreicher, von denen man annahm, sie würden Tag und Nacht nur an den Sieg denken. Jetzt vergessen sie sogar ihre Startnummern. Das war noch niemandem bei Olympischen Spielen passiert!«

Was heute zu einer sofortigen Disqualifikation führen würde, war damals durch hilfsbereite Startrichter mit Notnummern repariert worden: Josl Rieder (ursprünglich Nummer 3) fuhr mit Nummer 55, Anderl Molterer mit Nummer 118 (statt 4), Titelverteidiger Othmar Schneider fuhr mit 133, statt wie vorgesehen mit Nummer 8, und Toni Sailer als letzter Österreicher bekam statt Nummer 18 die Startnummer 135 umgehängt!

In diesem Lotto hatten drei Mann des österreichischen Viererteams schlechte Zahlen gezogen. Aber während Fernseh- und Radiokommentatoren sich über das Durcheinander mokierten, bewahrten die Läufer Ruhe: »Hauptsache war, dass die Startfolge gleich blieb. Abergläubische allerdings sahen darin ein schlechtes Vorzeichen. Wärt ihr mit euren richtigen Nummern gefahren, hieß es, so hätte es weniger Ausfälle gegeben. Da es aber bei jedem Wettkampf und ganz besonders bei den Olympischen Spielen so viele ›Wenn‹ und ›Aber‹, ›Hätte‹ und ›Wäre‹ gab, und Tausende von Menschen alles besser wussten und besser verstanden als wir, die wir an den Start gingen und unsere Knochen riskierten, konnten uns all die Neunmalklugen den Buckel runterrutschen. Sollten sie doch unter Beweis stellen, wie gut sie selbst Slalom fuhren!«

Toni Sailer hatte auf dem steilen Slalomgelände zwei Jahre zuvor schon einmal gewonnen – und er kannte seinen schärfsten Konkurrenten sehr gut, den Mann, den die meisten Experten als den großen Favoriten bezeichneten: Anderl Molterer. Er wusste, dass dieser temperamentvolle Slalom-Akrobat sehr darunter litt, dass er von ihm im Riesentorlauf um 6,2 Sekunden abgehängt worden war. Er wollte es seinem Freund an diesem Tag zurückzahlen.

Aber bei diesem absonderlichen Olympia-Slalom hatten alle 90 Athleten aus 29 Ländern gewaltige Probleme: Der italienische Skiprofessor Menardi hatte 79 Tore für den ersten Durchgang gesteckt, und Fred Rößner gar 92 Tore. Den Läufern wurde ein Wahnsinnstanz durch 171 Tore abverlangt, bei so dichtem Nebel, dass man oft kaum bis zum nächsten Tor sah, und schwierigsten Schneebedingungen:

»Ich hatte den Schnee auf der Piste geprüft. Es war eigentlich kein Schnee, auch kein Eis, sondern ein Mittelding. Die Veranstalter hatten entlang der Strecke eine eigene Schlauchleitung gelegt und tagelang die Piste gewässert. Der Schnee war, je nachdem, ob viel Wasser dazugekommen war oder wenig, verschieden stark gefroren, hatte grobe Knollen gebildet, die wie Eisbrocken an der Piste klebten. Sicherlich hatten es die Veranstalter gut mit uns gemeint. Alles, was sich organisieren ließ, hatten sie organisiert, auch die Pisten. Nur das Wetter hatten sie dem Herrgott überlassen müssen. Und es war dann alles genau so geworden, wie man es sich nicht wünschte. Man musste bei diesen Verhältnissen auf dem Col Druscie mit Serienstürzen rechnen.«

Für einen durchschnittlichen Skiläufer sind solche Pistenverhältnisse ein Garantieschein für einen komplizierten Beinbruch, aber auch Rennfahrer müssen höllisch aufpassen. Dreißig Läufer fielen aus, während andere, wie unser Slalom-Olympiasieger von 1952, Othmar Schneider, vom Start bis zum Ziel bremsten. Schneider lag auch in der Endabrechnung über 21 Sekunden hinter »Tonai«. Josl Rieder und der Pistenhasardeur Molterer, der Rächer der 6,2 Sekunden, waren ausgefallen, Anderl bereits nach vier Toren.

Und so war der Männerslalom, wie es der Chronist des offiziellen Olympiabuches, »VII Olympische Winterspiele in Cortina D'Ampezzo 1956« etwas blumig ausdrückte, »erregend wie ein guter Kriminalroman, anstrengend wie eine schwere Mathematik-Schularbeit und rührselig wie ein Frauenroman … es siegte der Held!« Der Held hieß wieder Toni Sailer, und er war in beiden Läufen Bestzeit gefahren!

Abbildung 16: *Beim Slalom auf dem Monte Druscie vergaß Teamchef Fred Rößner nicht nur Toni Sailer im Mannschaftshotel, sondern auch die Startnummern. So fuhr »Tonai« mit Startnummer 135 Bestzeit in beiden Durchgängen. (Foto Votava)*

»Ich war sehr froh, dass ich am Ziel meinen Vater stehen sah, und dass alles gut gegangen war, denn ich hatte einen fürchterlichen Hunger. Der Vater hatte den Riesenslalom noch am Radio miterlebt, dann aber hielt er es in Kitzbühel nicht mehr aus, hängte ein Schild an die Werkstatt ›Wegen Olympiade geschlossen‹, und fuhr mit seinem ›Nachbarn zur Rechten‹ nach Cortina. Natürlich besichtigte er dort die verschiedenen Strecken. Aber er vermied es, mit mir darüber viel zu reden. Er gab mir nie Ratschläge, wenn er annehmen konnte, dass ich mich schon selbst zurechtfinden würde. Dafür verstand er es ausgezeichnet, einen aufzumuntern. ›Bucklige Pisten sind dir ja die liebsten‹, hatte er gemeint, als ich mich zum Torlauf bereit gemacht hatte. Das hieß soviel wie: ›Wenn es schiefgehen sollte, rede dich nicht auf die Piste aus!‹ Ich wollte ihm zeigen, dass ich gar nicht an Ausreden dachte, im Gegenteil, und blinzelte ihm beim Abschied mit dem linken Auge zu, wie es beim Kartenspiel ›Watten‹ Brauch ist, wenn man einen besonderen Trumpf im Kartenblatt hat und dem Partner andeuten will, dass man das kritische Spiel schon wagen kann. Der Vater hatte dieses Blinzeln gut verstanden, denn er empfing mich nach meinem Sieg mit den Worten: ›Sonst hättest du wohl nicht geblinzelt, Tonai!‹«

Silber ging an den ebenso gelenkigen wie dynamischen Slalom-Artisten aus Hokaido, den Japaner Chiharu Igaya, 4 Sekunden hinter dem Österreicher. Und Bronze errang der Schwede Stig Sollander, 5,5 Sekunden hinter dem Kitzbühler Wunderläufer.

Die Weltpresse konstatierte: »Es war der Triumph der eisernen Nerven eines 20-jährigen Tirolers!«

Auf die Frage »Was ist dir von diesem Slalom nach über einem halben Jahrhundert besonders in Erinnerung geblieben?«, meinte Toni Sailer später schmunzelnd: »Sophia Loren! Sie stand im Zielraum mit einem wunderschönen weißen, bestickten Kleid … wie ein Erzengel!«

»Am Dienstag waren wir zum Slalom auf dem Col Druscie gestartet. Am Freitag sollte der Abfahrtslauf von der Tofana stattfinden. Wir hatten zwei Tage Zeit, um uns auf dieses schwierige Rennen vorzubereiten. Anderl und ich legten uns ein genaues Programm dafür zurecht. Ich kannte die Tofana bereits von früheren Wettrennen. Im Vorjahr hatte ich hier den Streckenrekord mit 2:53,3, den der Italiener Zeno Colo hielt, gebrochen und mit 2:46,2 einen neuen Streckenrekord aufgestellt. Aber jede Abfahrtsstrecke ist von Wind und Wetter abhängig und sieht bei jedem Start anders aus. Allerdings, so eisig und gefährlich wie dieses Mal hatte ich die Tofana-Abfahrt noch niemals gesehen.«

In jenen kalten Februartagen des Jahres 1956 stellten sich die Sportinteressierten dieser Welt immer nur eine Frage: Schafft er es oder schafft er es nicht? Wird Toni Sailer nun zum dritten Mal Olympiasieger oder nicht?

Die Medien entwickelten krause Theorien, Experten munkelten in ihrem verdrehten Kauderwelsch, Kiebitze hofften, es gab Leute, die für ihn beteten, Neider wünschten ihm einen brutalen Sturz, und Schlagzeilen mit mystischem Inhalt über Tonis Befindlichkeiten sollten die Auflagenzahlen steigern:

»Du bist der einzig wahre Favorit«, argumentierten Journalisten bei einem Pressegespräch. Wenn er entgegnete, er habe diese Piste noch nie so rippig, eisig und gefährlich gesehen, und dass auch ihm hier viel passieren könnte, nahmen sie seinen Einwurf einfach nicht ernst: »Ich war für sie der Favorit. Schluss, basta! Also schwieg ich.« Er wusste aber, dass er bei einer Niederlage – und wäre es nur ein Rückstand von 0,1 Sekunden gewesen – ein ganzes Volk furchtbar enttäuscht hätte.

»Am Mittwoch fuhr ich einmal die Piste hinunter, ein zweites Mal halb, und prägte mir die kritischen Stellen ein. Am nächsten Tag wollte ich die ganze Strecke nochmals in Ruhe abfahren und studieren. Zu unserem Schrecken aber wurde die Piste am Donnerstag gesperrt.« – Die österreichischen Zeitungen berichteten mit solcher Empörung über diese Pistensperre, als hätte ein Attentatsversuch auf den Bundespräsidenten stattgefunden.

»Anderl und ich stapften am Rande der Piste zu Fuß bis zur Schutzhütte hinauf und legten uns, so gut es ging, einen Plan zurecht. Mir spukte dabei die verhängnisvolle Zahlenreihe ›eins-zwei-drei‹ durch den Kopf. Nachdem mich die

Tofana schon als Ersten und Dritten gesehen hatte, war für mich jetzt der Zweite fällig. Auf diese Weise konnte Anderl morgen zu seinem ›Gold‹ kommen.

Vielleicht halten mich jetzt manche für einen Spinner, aber meinen Aberglauben konnte ich einfach nicht abschütteln. Er machte sich auf vielen anderen Ebenen ebenso bemerkbar, sogar beim Anziehen meiner Rennfahrerkleidung: Nie rote Socken tragen, Rot bedeutet Blut, also Unfall! Eine zweite Hauptregel: Der linke Fuß kommt immer vor dem rechten dran. Also, zuerst den linken Socken anziehen, dann den rechten, zuerst in das linke Hosenbein hineinschlüpfen, dann ins rechte, sich erst in den linken Schuh hineinpressen, dann in den rechten, erst die linken Schnallen zuziehen, dann die rechten. Und es passierte nicht selten, dass ich am Ende dieser Prozedur voll angezogen dastand und mich plötzlich Zweifel befielen, ob ich auch wirklich mit dem linken Socken angefangen hatte. Dann riss ich mir in heller Aufregung alles herunter und begann nochmals von vorne – voll konzentriert: Mit dem linken Socken zuerst, …

Die Startnummern wurden ausgelost: Josl Rieder erhielt die Nummer 2, Walter Schuster 8, ich 14 und Anderl 20. Nachdem bisher immer der Österreicher mit der höchsten Startnummer gesiegt hatte, sprach für mich auch diese Auslosung für einen Sieg Anderl Molterers.«

Nicht auf den Aberglauben, sondern auf Kalkül hatte sich Toni Sailer allerdings verlassen, als er während dieser Olympischen Spiele einen revolutionären Schritt tat: Er wechselte die Skimarken. Den Riesenslalom und Slalom fuhr er auf Kästle, die Abfahrt hingegen wollte er mit Kneissl bestreiten.

Toni musste dabei sein ganzes diplomatisches Geschick aufbieten, denn der Tiroler Skipapst Franz Kneissl zeigte sich zutiefst gekränkt, dass der Tiroler Sailer zwei Goldene mit seinem Konkurrenten Kästle geholt hatte. Er stellte sich daher mit der ganzen Wucht des Bobfahrers, der er einmal gewesen war, gegen die Bitten Tonis und brachte auch verständliche Argumente dagegen vor: »Du hast zweimal auf Kästle gewonnen, und dann verlierst du – das ist auch in deiner jetzigen Hochform möglich – womöglich mit meinem Ski in der Abfahrt. Wenn das eintritt, stehe ich als Volltrottel der Nation da, weil die Leute sagen werden: Jetzt gewinnt er zweimal auf Kästle, und wegen dieser Scheiß-Kneisslbretter verpasst er die dritte Goldmedaille. Ich würde also ein zu großes Risiko eingehen, wenn ich dir meinen Ski gebe. Daher«, schloss er, »du bekommst ihn nicht!«

Aber Toni Sailer gab nicht auf. Er schwärmte, dass auf dem blanken Eis der olympischen Abfahrtstrecke kein anderer Ski so perfekt laufe wie eben der Kneissl:

»Ich musste eigentlich gar nicht übertreiben, denn in der damaligen Situation sah es wirklich so aus, dass man auf der Tofana nur mit Kneissl gewinnen konnte. Kästle war beim Riesentorlauf auf eiskaltem Pulverschnee, aber ohne Eis perfekt, und auch beim Slalom, bei dem es minus 5 Grad hatte und man auf knolligem Schnee fuhr. Mit Kneissl wäre ich dabei diese Strecke nicht hinuntergekommen. Bei der Abfahrt aber, bei minus 25 Grad und Eis, war der Kneissl-Ski unschlagbar.«

Endlich gab Kneissl nach, und Toni Sailer hatte seinen Kopf durchgesetzt. Aber so ganz ohne Probleme funktionierte es trotzdem nicht: »Ich trainierte, und plötzlich sprang vorne der Ski. Ich bat meinen Spezialisten, ihn vorne noch dünner zu machen, dass er noch mehr schluckte und noch besser lief. Daraufhin war der Ski zu dünn und sprang wieder rechts und links. Man klebte ihn neuerlich und nahm noch einen halben Millimeter weg – abermals gebrochen! Jetzt aber hieß es: ›Du kannst unmöglich mit einem vielfach gebrochenen Ski auf eine Olympia-Abfahrt gehen! Noch dazu, wenn die ganze Welt auf einen Sieg von dir wartet!‹ Ich beharrte jedoch darauf, dass man mir den Ski zurückgab, und experimentierte so lang herum, bis er schließlich der schnellste Ski auf diesem olympischen Eishang war … Fünffach geklebt und trotzdem Gold! Natürlich, so weit war ich noch lange nicht. Vor diesem Abfahrtsgold wären mir fast die Nerven gerissen, und die hätte man nicht so leicht kleben können wie meine Skier.«

Der Freitag brach an: »Von den drei Gipfeln der Tofana wehten hohe Schneefahnen zum Himmel empor. Da oben musste ein furchtbarer Sturm toben. Die meteorologischen Stationen registrierten Windstärke acht. Außerdem war es grimmig kalt: minus 23 Grad an manchen Stellen, bei der Schutzhütte, von der aus gestartet werden sollte, sogar minus 28 Grad. Der Sturm brach in kurzen, wuchtigen Böen von allen Seiten herein. Die Alpinis, die Pistendienst machten, hatten sich entlang der ganzen Strecke in Abständen von fünfzig Metern aus dürrem Lärchenholz große Feuer angezündet, um sich daran zu erwärmen. Die Piste war noch schlechter geworden als an den Tagen zuvor. Der Sturm hatte die zahlreichen Buckel und Höcker mit einem grießligen Schnee zugeweht, der sich wie Sand an die Bretter hängt, die Fahrt jäh abbremst und jenes gefährliche Reißen erzeugt, das den Läufer bald vor, bald zurück wirft. Schlechter konnte die Abfahrt gar nicht mehr sein. Wenn ich alles einkalkulierte, was an diesem Tage in der Tofana steckte, musste es Massenstürze geben.

Tatsächlich waren, wie sich nach dem Rennen herausstellte, von den 25 Weltklasseläufern des ersten Feldes 19 gestürzt, von 90 Wettläufern, die insgesamt zum Start antraten, stürzten 73 oder schieden aus. Nur sechs Läufer des ersten Feldes kamen ohne Sturz an das Ziel. Insgesamt waren es 17 von 90 Läufern, die das Rennen sturzfrei bestanden.

Mit dem Sessellift fuhren wir zum Start hinauf. Für diese Fahrt hatte man uns Decken zur Verfügung gestellt. Wir wickelten uns bis zur Nasenspitze darin ein und zogen die Decke auch noch über den Kopf. Wir, die ›besten Abfahrtsläufer der Welt‹, gaben ein jämmerliches Bild ab, wie ägyptische Mumien. ›Schade‹, dachte ich, ›dass die Reporter so einseitig sind und uns immer nur im Ziel auflauern.‹

Das Rifugio Duca d'Aosta liegt in 2282 Meter Höhe. Wer siegen will, muss im Durchschnitt über 80 Stundenkilometer auf die Bretter nehmen und mit Höchstgeschwindigkeiten bis zu 100 Stundenkilometer rechnen.

Oben angekommen, versuchte ich mich mit leichten

Abbildung 17: *Bei der Abfahrt von der Tofana bei minus 25 Grad kamen von 90 Läufern nur 17 ins Ziel. Wieder war Toni der Schnellste – und damit dreifacher Olympiasieger. (Foto Votava)*

Schwüngen warmzufahren. Kein europäischer Spitzenfahrer war auf der Piste zu sehen, nur ein paar Amerikaner. Die große Konkurrenz saß im Refugio Duca d'Aosta eng zusammengekauert, um sich dort drin für den Start aufzuwärmen. Das Warmfahren habe eigentlich ich in den Rennsport gebracht, ich setzte es hier bei der Olympia-Abfahrt trotz minus 25 Grad gezielt ein, weil ich spürte, dass man mit schlaffen Muskeln nicht in ein Rennen gehen kann, das Knochen und Muskulatur vom Start weg extrem belastet. Das Skifahren macht mich geschmeidiger und bereitet meinen ganzen Organismus auf extrem strapaziöse drei Abfahrtsminuten vor, die mich durchrütteln, in die Luft schleudern, mir die Luft aus den Lungen reißen und mich auch geistig und reaktionsmäßig in die höchste Stressbelastung katapultieren würden.

Durch dieses Aufwärmen konnte ich mir sicher einen großen Vorteil verschaffen, und ich war darauf bedacht, es vor meinen Mannschaftskollegen, die ich ja als meine schärfsten Rivalen einstufte, zu verheimlichen. Ich ging daher erst später in die Schutzhütte und knüpfte mir dort Gummibänder knapp unter die Knie, um das unangenehme und Zeit stehlende Flattern der Hose zu vermeiden.«

Trotz der minutiösen Vorbereitung hing Toni Sailers Start, was er damals noch nicht wusste, an einem seidenen Faden – genauer gesagt, an einem Lederriemen:

»Inzwischen war Nummer eins, Pepi Schwaiger, gestartet. Ich stellte mich in den Windschatten der Hütte und sah zu, wie Josl Rieder abfuhr. ›Nur die Skier nicht zu früh anschnallen‹, dachte ich mir, ›sonst komme ich halb erfroren an den Start.‹ Die Amerikaner Ralph Miller, Nummer 3, und Bud Werner, Nummer 4, hatten sich bereits in die Tiefe gestürzt. Ich wärmte mich immer noch ein wenig in der Hütte und kam gerade zurecht, als Nummer 8, Walter Schuster, startete. Wir hatten bereits erfahren, dass Josl Rieder gestürzt war. Das heißt eigentlich nicht gestürzt, sondern geflogen. Josl war nicht sehr schwer, und eine Sturmböe hatte ihn einfach aus der Piste gehoben. Wenn ich an diesen Freitag zurückdenke, hallen mir ständig die Rufe des Platzsprechers in den Ohren: *Caduto e ritirato* – gestürzt und ausgeschieden … *caduto e ritirato* … 70 schaurige Male.

Zehn Minuten vor meinem Start fing ich nun mit meinem Ritual an: Ich zog zuerst den linken, dann den rechten Schuh an, zuerst den linken, dann den rechten Skier. Und plötzlich – hatte ich den Langriemen in der Hand. Gerissen! Neun Minuten vor meinem Start war der Langriemen gerissen. Ich hatte Startnummer 14.

Heute wären Serviceleute sofort zur Stelle gewesen, damals konnte davon keine Rede sein. Nur unser Teamchef Rößner kam vorbei, recht vergnügt, obwohl noch kein Österreicher durchs Ziel gekommen war, geschweige denn etwas gewonnen hätte.

›Mein Langriemen ist gerissen, und ich komm bald dran!‹, störte ich ihn mit meinem verzweifelten Ausruf in seiner Ruhe.

›Wart ein bisschen‹, meinte er, ›gleich hast du einen neuen.‹

Und begann umständlich in seinem Rucksack zu graben. Das Graben ging in hektisches Wühlen über … dann ein ratloser Blick – er hatte nichts gefunden. Um meine Stimmung noch ein wenig zu heben, erfuhr ich jetzt durch den Lautsprecher, dass nach Josl Rieder auch Walter Schuster gestürzt war …

Da tauchte als rettender Engel der Badgasteiner Hans Senger auf, der die Italiener trainierte: ›Ich habe einen ganz alten Riemen‹, meinte er, ›aber den kann ich dir nicht geben! Ich will nicht die Verantwortung haben, wenn er reißt.‹

Ich: ›Einmal ist mir schon einer gerissen. Dass ein zweiter auch reißt, wäre zu viel!‹

Er: ›Also gut, ich geb ihn dir und fahr dann eben mit dem Lift hinunter.‹

Der Riemen war wirklich ramponiert, von zehn Stichen der Naht waren keine drei mehr intakt. Gerade noch zweidreiviertel Stiche hielten den Ring. Nach kurzem Überlegen gelang es mir, alles zu fixieren. Das ist das Gute, wenn man Handwerker ist, dass man weiß, was wichtig ist. Ich war sicher, dass der Riemen hielt, so wie ich ihn gebunden hatte. Ohne handwerkliches Geschick hätte ich mir den Abfahrtslauf abschminken können … *Ritirato*, aber schon vor dem Rennen … Gerade schob sich die Nummer 13, der Franzose Collet an den Start! Fast in Panik, hastete ich kerzengerade hinauf, über die Steine hinweg, die vom Wind abgeblasen worden waren. Mit den frisch gewachsten Skiern! Die Laufflächen hätte ich nicht sehen mögen!

Oben am Start erwartete mich dann seelenruhig unser Trainer Fred Rößner. Ich hatte noch dreißig Sekunden, und seine Beschwichtigungen: ›Bleib ganz ruhig. Es geht alles gut. Du brauchst dich nicht aufregen …!‹, wirkten auf mich wie eine Tortur. Dabei klopfte er mir dauernd mit der Hand auf die Schultern. Und das, obwohl ich dieses Anfassen nie leiden konnte. In diesem unglücklichen Augenblick explodierte all der Groll auf Rößner, der sich in meinem Inneren während der Olympischen Spiele aufgestaut hatte. ›Wenn er mir noch einmal auf die Schulter klopft, hau ich ihm eine runter!‹, echote es in mir.

Da waren es nur noch zehn Sekunden. Plötzlich traute er sich anscheinend nicht mehr, herüberzugreifen. Wahrscheinlich hatte er meine Wut gespürt, oder vielleicht hatte ich meinem Ärger auch hörbar Luft gemacht – ich weiß es nicht mehr.«

Dann stieß sich Toni Sailer ab:

»Der Wind kam von allen Seiten herangestürmt, einmal von vorn, einmal von hinten. Ich war schon zufrieden, wenn ich nicht durch eine Böe aus der Spur gehoben wurde. Zu tief in der Hocke zu fahren, war gefährlich, weil man dadurch an Bewegungsfreiheit verlor und nicht mehr imstande war, plötzlich auftauchende Schwierigkeiten auszugleichen. Freilich war es bei diesem Orkan auch nicht ratsam, zu hoch zu fahren. Man musste einfach sehen, wie man durchkam.

Beim Aufsprung nach einem mächtigen Satz riss es mir die Brille übers Gesicht, das darauffolgende S durchfuhr ich fast blind, erst danach konnte ich mir die Brille wieder einigermaßen zurechtschieben, *caduto e ritirato*, hatte es in mir schon gedröhnt … aber für diesmal war ich gerettet …

Ich fuhr den gefürchteten Steilhang hinab, der mit einer Neigung von 65 Grad unmittelbar nach dem Start einsetzt und zwischen zwei mächtigen Felsklötzen hindurchführt, die mich immer an die Felstürme ›Undici‹ und ›Dodici‹ an der Marmolata-Abfahrt erinnern. Alles ging gut.

Ich hatte ein gewaltiges Tempo auf den Brettern. Jetzt kam jene Stelle, die ich mehreren Landsleuten als den günstigsten Übersichtsplatz der ganzen Strecke empfohlen hatte. ›Wenn ihr euch dort aufstellt‹, hatte ich gesagt, ›könnt ihr die ganze Anfahrt sehen.‹

Sekunden später riss es mir die Skier so weit auseinander, dass ich mit dem Kopf am Boden streifte, und dann schleuderte es mich nochmals in die Luft. Mein Rennfahrer-Instinkt reagierte sofort: ›Jetzt darfst du nur mit einem Ski aufkommen, sonst bist du endgültig eingestampft!‹ Ich schaffte die Landung auf einem Bein und konnte so noch einmal alles austarieren, nix caduto, gar nix ritirato!

Das hätte bei diesem Höllentempo leicht Kleinholz geben können!

Ich wusste, dass weiter unten ein vereister Weg quer über die Piste führte. Dieser Weg mit seiner scharfen Kante bedeutete noch eine besondere Gefahr. Zum Glück hatte ich meine Bretter so sicher in der Gewalt, dass ich das Tempo etwas mäßigen konnte. Außerdem musste ich Kraft sparen, um das Wellblechgelände im Auslauf gut durchstehen zu können. Ich bremste also etwas ab und nahm den nächsten Teil der Strecke mit weniger Tempo.«

In diesem Abschnitt kam es zu jener berühmten Schneepflugszene, auf die sich Anton Innauer später berufen sollte: »Toni Sailers angedeuteter Stemmbogen vor dem Steilhang wird von vielen Experten als Synonym für das steinzeitliche Niveau dieser Rennen belächelt. In Anbetracht des Pistenzustands, des verfügbaren Materials und der Tatsache, keine Sicherheitsbindung an den Schuhen zu haben, kann genau an diesem feinen Detail seine Wachheit und sein Können abgelesen werden. Toni hat mit den gegebenen Voraussetzungen virtuos gespielt, motorisch Geniales geleistet, wie es Benni Raich und Gregor Schlierenzauer nur an ihren allerbesten Tagen in der professionellen Gegenwart schaffen.«[2]

»Ich war mir durchaus bewusst, dass ich damit etwas Zeit verlor. Aber dafür blieb mir für die weitere Abfahrt etwas mehr Kraft. Wahrscheinlich wäre ich ohne dieses Abbremsen noch näher an meinen Streckenrekord herangekommen. Aber ebenso wäre es möglich gewesen, dass ich im Walde landete, wie so viele vor mir.

So kam ich gut über den Weg. Von da an absolvierte

---

[2]PROFIL, 31.08.2009

ich die schönste Fahrt meines Lebens und ließ meine Skier ein bisschen ruckartig über leichte Wellen gleiten. Dann schwang ich das Wellblech aus und fuhr auf das Arrivo los.«

Als Toni Sailer über die letzte Kante schoss, signalisierte ein Hornbläser seine Ankunft. Jubel brach los. Er hatte die Bestzeit erreicht.

Damit war Toni Sailer der erste dreifache Goldmedaillengewinner der alpinen Olympiageschichte – nur der Franzose Jean-Claude Killy schaffte das 12 Jahre später noch einmal. Sailer war auch der erste österreichische Abfahrts-Olympiasieger in 2:52,2 Minuten. Das waren genau 6 Sekunden mehr als sein Streckenrekord aus dem Vorjahr. Der Schweizer Ersatzläufer Raimond Fellay raste sensationell mit 3,5 Sekunden Rückstand zur Silbermedaille, und Tonis Freund Anderl Molterer, vor dem er sich am meisten gefürchtet hatte, holte mit 4 Sekunden Rückstand die Bronzene. Der Rückstand des letztplatzierten Griechen Papageorgiou betrug übrigens 5 Minuten und 11 Sekunden.

Die Begeisterung im Zielraum steigerte sich immer mehr. Die Anwesenden schienen zu spüren, dass sie Augenzeugen eines sporthistorischen Augenblicks geworden waren:

»Meine Schwester Rosl schlüpfte durch die Absperrung und stürzte voll Freude auf mich zu. Sie wollte mir schon gratulieren. Aber das Rennen war noch lange nicht entschieden; denn noch stand Anderl Molterer oben und mit ihm Weltklasse-Abfahrer wie Duvillard, Bozon und Forrer. Jetzt kam auch der Vater, der sich an einer besonders kritischen Stelle der Abfahrt postiert hatte, den Hang herabgesprungen. Die Mutter wurde leider auf der Tribüne festgehalten und durfte nicht zu mir kommen. Als sie dem Mann, der sie zurückhielt, sagte, dass sie meine Mutter wäre, gab er ihr zur Antwort: ›Da können Sie stolz sein auf Ihren Sohn!‹ Aber hinein ließ er sie nicht!«

Abbildung 18: *Furchtbar enttäuscht waren alle Fotografen, als sich herausstellte, dass die hübsche junge Dame, die »Tonai« im Ziel so hingebungsvoll küsste, »nur« seine Schwester Rosl war. (Foto Trüol)*

Als ihm das Jubeln und Geküsse zu viel wurde, stahl sich Toni Sailer davon, um dem ganzen Rummel zu entgehen – und seine Freundin Françine zu treffen. Er drückte seiner Schwester die Skier in die Hand, rannte wie ein Wilder aus dem Zielraum, sah vor sich ein Meer parkender Autos und hinter sich eine Menge Fans, die ihn verfolgten. »Schnell robbte ich unter den beiden ersten zwei Autos durch, tauchte wie ein Seehund auf, sah noch immer Menschen, tauchte nochmals unter die beiden nächsten Blechkisten, dann wieder auf, noch ein paar Fans suchten mich, einmal noch untertauchen, und als ich aus dem Schnee-

Eismatsch hochkomme, fährt gerade vor meiner Nase ein Auto vorbei. Ich renne dem Wagen nach, stoppe ihn und bitte den Fahrer, mich mitzunehmen. Als er einwilligte, sprang ich sofort hinein und fuhr als ›Flüchtling‹ zurück nach Cortina.«

Ist es nicht höchst ungewöhnlich für einen Mann, der in neun Tagen dreimal olympisches Gold und vier Weltmeistertitel gewonnen hat, die Stätte seines Triumphes derart in Panik zu verlassen? Toni Sailers Lächeln bei diesen Schilderungen zeigte, wie sehr er diesen Blick ein halbes Jahrhundert zurück genoss, so fest er auch mit beiden Beinen in der Gegenwart stand. Er war der ungebrochen mutige Kämpfer geblieben, wie 1956 auf der Tofana: Er liebte das Leben, seine Familie, seine Freunde, das Hier und Jetzt – aber verglichen mit vor 53 Jahren waren seine Gegner härter geworden!

Kehren wir noch einmal kurz in die Vergangenheit zurück: »Ich war glücklich, Françine zu sehen, aber es war nur ein kurzes Glück, denn nachdem sie mir voll Überschwang gratuliert hatte, sagte sie mir, dass sie heute noch abreisen würde. Plötzlich freute ich mich gar nicht mehr auf die feierliche Siegerzeremonie. Liebend gern hätte ich auf die Medaillen verzichtet, wenn sie noch bei mir geblieben wäre!«

Die Eiswellen und die Gewaltsprünge auf der Tofana hatten den jungen Sailer unversehens in die Welt der Erwachsenen katapultiert. Erstmals lag in seiner persönlichen Rangliste der Skisport nicht mehr an erster Stelle. Viele Menschen in Österreich begannen sich damals plötzlich Sorgen um die Zukunft des Kitzbühler Skikönigs zu machen. Eine kleine Notiz in Heribert Meisels »Olympiatagebuch« vom 7. Februar 1956 im »Kurier« ließ schon die

Richtung erahnen, die Toni bald einschlagen würde: »Das originellste Glückwunschtelegramm kam von einem berühmten Filmschauspieler und Regisseur: Gratuliere herzlichst – stopp – schließen Sie keinen Filmvertrag ab, ohne mich zu Rate gezogen zu haben – stopp – Willi Forst.«

Neuer KURIER

1 Schilling

…tag, 13. Februar 1956

Ruf: B 38-5-25, B 38-5-27

„Wiener Theaterring" für unsere Leser / Siehe Seite 5!

…iener Empfang für Sailer gefährlicher …ls die Tofana-Abfahrt bei der Olympiade

…en, 13. Februar (Eigenbericht). Der …rtslauf auf der gefürchteten Tofana- … von Cortina war für Toni Sailer … so gefährlich wie der gestrige Re…ngsempfang auf dem Westbahnhof. … Kälte, Eis und Schnee feierten …0 Menschen, davon 15.000 im Bahn… 15.000 vor dem Bahnhof und 20.000 …chen Bahnhofsvorplatz und Maria…straße den dreifachen Olympiasieger, …ewinner der Goldmedaille Schwarz…lt, Anderl Molterer, Regina Schöpf, … Frandl, Thea Hochleitner, Ingrid …l und all die anderen bei den Winter…en erfolgreichen Sportler so stür…h, daß es beinahe Schwerverletzte …ben hätte.

…s Gedränge auf dem Perron, in der …hofshalle und vor den Toren, dort wo …ange Autokolonne parkte, war lebens…

Abbildung 19: *Fünfzigtausend Wiener bereiteten dem dreifachen Olympiasieger einen rauschenden Willkommensgruß. (Archiv Kurier)*

Abbildung 20: *In der Folge musste Toni Sailer zahlreiche Galas und Ehrungen über sich ergehen lassen. Am meisten genoss er die Feier in seiner Heimatstadt Kitzbühel, wo er mit seiner Mutter den Eröffnungstanz absolvierte. (Foto Skiclub Kitzbühel)*

Schauspielerkarriere

Ganz Österreich bejubelte nach Olympia 1956 den neuen »Nationalhelden« Toni Sailer, aber unter der Oberfläche regten sich bereits die Neider. Das Schicksal hatte dieses Sonntagskind mit zu vielen Gaben überhäuft: Jugend, Attraktivität und nun auch noch dreimal Olympiagold. Da konnte ihm nur der glückliche Zufall zu Hilfe gekommen sein!

Aber Toni Sailer scheute sich nicht, den Beweis anzutreten, dass es nicht bloß das Glück war, welches ihm in Cortina die Medaillen beschert hatte, sondern sehr wohl hartes Training, Können und Verstand. In zwei Jahren, bei der Weltmeisterschaft in Gastein, wollte er noch einmal starten und alle Zweifler zum Schweigen bringen.

Dabei liebäugelte er zum damaligen Zeitpunkt bereits mit einem neuen Beruf. Von Kind an hatte ihn neben dem Sport auch Musik und Theater fasziniert. Ermuntert von seiner Mutter, war er bereits mit 12 Jahren im Kitzbühler Kolpingsaal aufgetreten: »Das erste Stück, in dem ich mitspielte, hieß ›Die Erscheinung von Fatima‹. Ich verkörperte den portugiesischen Hirtenbuben Francisco Marto, dem gemeinsam mit den Mädchen Lucia und Jacinta die Muttergottes erschienen war.

Bei einer anderen Theateraufführung steckte man mich in eine kurze Hose, Kniestrümpfe und ein buntes Hemd und schickte mich auf die Bühne, mit beiden Händen vorne über der Brust gewölbt. Dann musste ich die eine Hand öffnen, und in der anderen saß ein kleiner Vogel. Was man nicht sehen sollte: Es handelte sich um einen Stoffvogel, der an einem Faden hing. ›Mama, schau, ein Vogerl!‹, sagte ich. Das war für den Beleuchter oben auf dem Schnürboden das Stichwort, den Faden hochzuziehen und das Stoffvogerl in die Kulisse entschweben zu lassen. Ich musste ihm traurig nachrufen: ›Jetzt ist das Vogerl weg!‹

Später dann, mit 13, 14, 15, 16 Jahren erhielt ich in Filmen, die in Kitzbühel gedreht wurden, kleine Auftritte als Tirolerbub in Lederhose.

Es machte mir durchaus Spaß, aber für das Lernen der Rollen, die Proben und Aufführungen ging sehr viel Zeit verloren, sodass ich fürchtete, der Sport könne zu kurz kommen. Schließlich erlaubte mir meine Mutter, den Privatunterricht in Französisch und die Ziehharmonikastunden zu streichen, damit ich neben der Theaterspielerei auch noch das Fußball-Training schaffte.

Mit 17 dann, nachdem ich das Zugspitzenrennen gewonnen hatte und in der Wochenschau zu sehen gewesen war, erhielt ich diverse Telegramme von Regisseuren, die mir dazu rieten, aufgrund meines Aussehens ins Filmgeschäft einzusteigen.

Ich dachte damals aber nicht daran, denn mein Ziel war es, Olympiasieger zu werden. Die Zeit war also nicht reif.«

Nach dem dreifachen Olympiagold in Cortina gab es wieder Angebote von Filmregisseuren – und diesmal machte sich Toni Sailer daran, auch diesen alten Kindheitstraum in die Tat umzusetzen:

»Es dauerte nicht lange, da erhielt ich eine Einladung zu Probeaufnahmen für den Film ›Die Geierwally‹ mit Heidemarie Hatheyer. Ich fuhr mit meinem Fiat 1100, für die damalige Zeit ja schon beinahe ein Luxusauto, nach München.

Im Studio drückten sie mir gleich einmal ein paar Seiten eines Drehbuchs in die Hand, brachten mich zu einem Schminkraum und steckten mich in ein Kostüm, das ein bisschen bergsteigermäßig wirkte, mit einem großen Hut usw. In einer halben Stunde sei es soweit, sagte man mir.

Ich hatte natürlich noch nie in meinem Leben ein Drehbuch gesehen, aber ich las die Anweisungen und lernte den Text. Dann ging's los. Zunächst machten sie ein paar Aufnahmen, von vorne, von der Seite, von links, von rechts, ernst dreinschauend, lächelnd …

Darauf verlangten sie von mir, hinauszugehen, wieder hereinzukommen und den Hut auf die Ofenbank zu werfen. Das war alles, keinerlei weitere Anweisungen, ob ernst oder traurig oder wie immer.

Ich ging also hinaus und wieder hinein, nahm den Hut ab und warf ihn gekonnt auf die Bank. Dort blieb er auch schön liegen, was aber vollkommen gleichgültig war, denn der Hut kam sowieso nicht ins Bild. Aus. Das war die erste Szene.

Es folgte der Gegenschuss auf die Frau, wieder auf mich, und dann musste ich meinen Text sagen. Dem Gefühl nach hatte ich keine Ahnung, was da vor sich ging.

Ungefähr eine halbe Stunde probten wir, dann brachen sie ab und meinten, es sei erledigt.

Ich zog schleunigst das Gewand aus, setzte mich, ohne mich abzuschminken, ins Auto und fuhr schnurstracks nach Hause. Zu meinen Eltern sagte ich: ›Wenn jemand vom Film anruft, egal wer, dann sagt bitte, dass ich keinen Film mache, nie und nimmer. Ich hab keine Zeit für so was!‹«

Wenige Tage nach diesem Intermezzo in München, stand in der Wiener »Arbeiter-Zeitung« zu lesen: »Probeaufnahmen in den Bavaria-Studios von Geiselgasteig mit dem Skistar Toni Sailer brachten für den dreifachen Olympiasieger kein positives Ergebnis ... Das werden nur diejenigen bedauern, die aus seiner gegenwärtigen Popularität Kapital schlagen wollen. Alle, die es mit Sailer ehrlich meinen, sagen: Gott sei Dank, wenn er kein Filmstar wird!«

Aber die Weichen für Toni Sailers Filmkarriere waren längst gestellt, daran konnte kein Kritiker mehr rütteln. Es verging knapp ein Monat, da meldete sich erneut eine Filmfirma bei ihm: »Die Bavaria-Film fragte an, ob ich interessiert wäre, für einen Film unter der Regie von Rudolf Jugert und mit Schauspielerkollegen wie Gustav Knuth Probeaufnahmen zu machen. Jugert, ein ausgesprochen freundlicher und guter Mann, würde mich einführen.«

In Anbetracht seiner ersten Erfahrungen in Filmstudios stellte Toni Sailer zunächst sicher, dass er auch wirklich »nur mit Schauspielern wie Gustav Knuth und Rudolf Jugert als Regisseur« zu tun hatte, und bestand außerdem auf einer »entsprechenden Einführung durch die Regie«. Nachdem man ihm dies zugesichert hatte, willigte er ein:

»Ich fuhr hin, und alles wurde genau besprochen. Gustav Knuth ging mit mir den Text durch und erklärte mir die Situation. Der Regisseur war stets dabei und erläuterte mir genau, wie er sich die Szene vorstellte. ›Harz und frisches Holz, genauso war es zu Hause!‹, so lautete mein erster Satz. Und ich erinnere mich noch, wie der Regisseur zu mir sagte: ›Es kann ja sein, dass Ihnen das ein bisschen was gibt, mit Holz und so!‹

Dieser Satz war also mein Einstieg, mit dem entsprechenden Spiel dazu: den Duft einatmen und herausfinden, wonach es roch. Anschließend folgte noch eine Szene mit einer jungen Schauspielerin. Daneben wirkten auch andere Schauspieler mit, die mir ebenfalls mit ihrem Rat zur Seite standen. Alles in allem dauerten die Probeaufnahmen an die zwei Stunden.

Wenig später machte mir die Bavaria ein Angebot für den Film ›Ein Stück vom Himmel‹.«

So drehte Toni Sailer also 1957, zwischen Olympia 1956 und der Weltmeisterschaft 1958 in Gastein, seinen ersten Film. In dem bayerischen Heimatstreifen »Ein Stück vom Himmel« spielte er die Hauptrolle neben Stars wie Ingrid Andree, Georg Thomala, Boy Gobert, Rudolf Vogel, Gustav Knuth und Horst Buchholz. Die Dreharbeiten fanden in den Bavaria-Studios, auf Schloss Hohenried und am Starnberger See statt, und sie forderten von ihm vollsten Einsatz und Konzentration, denn es gab keine tollen Skiszenen, die etwa von schauspielerischen Schwächen hätten ablenken können. Alles war auf ihn als Person und Schauspieler zugeschnitten. Im Mittelpunkt stand eine Liebesgeschichte: Den Forststudenten Peter (Toni Sailer) und die Tochter eines bayerischen Schlossherrn (Ingrid Andree), die mit einem anderen Mann unglücklich verlobt ist, bringt das Schicksal trotz aller Wirrnisse zusammen.

Die Filmmusik stammte von Franz Grothe, einem der Besten seines Genres in Deutschland: »Die Melodien standen fest, er kannte ja das Drehbuch. Grothe lud mich zu sich an den Tegernsee ein und fragte mich, wie es denn mit meiner Stimme stehe. ›Ich singe ganz gern‹, antwortete ich. Darauf meinte er: ›Wollen wir einmal was probieren?‹

Als ich einwilligte, spielte er eine Melodie, die ich kannte. ›In der Tanzszene wäre es sehr schön, wenn du deiner Liebe ein paar Worte zu der Melodie singst‹, schlug er vor. Und als ich ihn das nächste Mal am Tegernsee aufsuchte, hatte er auch schon die Texte fertig. Nach einigem Proben machten wir die Platte.«

Toni Sailers erste Schallplatte kam gleichzeitig mit dem Film auf den Markt und wurde von der Kritik gut aufgenommen. Sie enthielt Lieder wie »Ich weiß mehr, als du glaubst«, »Ich geh singend durch die Stadt« oder »Wenn in Paris der Flieder blüht«. Alle Melodien stammten aus dem Film. Und das war nur der Anfang – in den nächsten Jahren besang Toni Sailer höchst erfolgreich 15 weitere Schallplatten.

Abbildung 21: *»Ein Stück vom Himmel« hieß Toni Sailers erster Film. Hier mit Ingrid Andree und Günther Ludes (Foto Murnau Stiftung, mit freundlicher Genehmigung von Transit Film)*

Die Premiere von »Ein Stück vom Himmel« fand am 3. Januar 1958 in München statt, und in den 98 Minuten, so lange dauerte Toni Sailers erster Spielfilm, hatte er sich in die Herzen von Millionen weiblicher Fans gespielt.

Elegant kam er zur Premierentournee mit einem Mercedes Cabrio 500SL angefahren, das ihm die Firma Mercedes zur Verfügung gestellt hatte. Aber das Unternehmen hatte wohl nicht mit dem Begeisterungssturm gerechnet, der dem jungen Star entgegenbrandete: »Nach ein paar Vorstellungen war das Auto, zumindest die Karosserie, schrottreif. Das Blech war total verbeult, so als wäre drei Wochen lang ein Dauerhagel auf den Wagen niedergegangen.« Hunderte Frauen hatten den Wagen erklettert und, teilweise mit spitzen Metallabsätzen an ihren Schuhen, wie in Trance darauf herumgetanzt. Aber auch sonst war einiges los:

»Autogramme konnte ich manchmal nur unter Polizeischutz geben. Der Tisch, an dem ich saß, wurde oft fünf Meter zurückgeschoben, dann wieder vor, dann wieder zehn Meter weiter in eine andere Richtung. Schließlich sprang ich auf den Tisch und über die Leute hinweg und flüchtete – denn ich musste ja auch noch für die bevorstehende WM in Bad Gastein trainieren.«

Abbildung 22: *Ob in Österreich, Deutschland oder Übersee, die Damenwelt war verzaubert. (Foto Votava)*

In Toni Sailers Heimatstadt Kitzbühel kam es zu regelrechten Belagerungen. Der Journalist Harry Valerien weiß von »ganzen Bus-Ladungen mit Mädchen und Frauen«, die zu Toni Sailer fuhren, »wie zu einem Heilsbringer«. Und Toni Sailer erinnerte sich: »Damals hatte ich in Kitz die Pension ›Haus Toni Sailer‹ eröffnet. Wenn ich zu Hause war, musste ich mich heimlich um sechs Uhr früh durch den Kellereingang hinausschleichen. Dann verschwand ich über die Eisenbahnstrecke hinter dem Haus, denn um diese Tageszeit waren die ersten weiblichen Fans schon da und hatten das Haus umstellt. Sie hielten oft, zwischendurch auch mit Sprechchören, bis Mitternacht die Stellung. Tagsüber blieb ich auf dem Golfplatz, oder ich hielt mich bei Freunden auf oder vertrieb mir die Zeit in München. Erst in den Nachtstunden konnte ich wieder durch die Kellertür zurück in mein Haus.«

Diese Begeisterung dauerte übrigens Jahrzehnte lang an, besonders in Japan: »Bei den Olympischen Spielen 1972 in Sapporo, da war ich schon 14 Jahre nicht mehr aktiv, legten sich Leute vor den Zug, in dem ich saß. Wir konnten erst weiterfahren, nachdem ich ausgestiegen war und Autogramme gegeben hatte.«

Abseits des Starrummels musste sich Toni Sailer jedoch der unvermindert harten Realität seines sportlichen Alltags stellen:

Nicht nur, dass man ihm Vorhaltungen machte, durch seine Schauspielerei den Amateurparagraphen zu verletzen: »Sie schlugen mir vor, meinen Namen zu ändern, was ich aber strikt ablehnte. Die Leute hätten nur gesagt: ›Das ist doch der Toni Sailer, warum heißt er auf einmal Josef Gruber?‹ Das wäre doch verrückt gewesen! Der Film hatte auch mit Skifahren überhaupt nichts zu tun. Dabei blieb es für mich.«

Abgesehen davon bedeutete die Doppelrolle als Skirennläufer und Schauspieler eine enorme zusätzliche Belastung:

»Von den Filmaufnahmen ging es sofort wieder ins Skitrainingslager zurück, denn am 2. Februar 1958 hatte ich mein erstes Weltmeisterschaftsrennen. Und gerade auf dem letzten Trainingskurs vor der Weltmeisterschaft bekam ich den Anruf aus München: Am 3. Januar 1958 ist Premiere.« Ein Termin, der unglücklicher nicht hätte sein können. »Sie hatten aber alles schon arrangiert. Heinz Rühmann holte mich um fünf Uhr am Innsbrucker Flughafen ab. Er kam mit seiner einmotorigen Maschine daher, an und unter dem Leitwerk hingen lauter Äste, die er im Tiefflug von den Tannen gestreift hatte, als er über dem Achensee durch dichten Nebel geflogen war. Die Maschine sah nicht gerade sehr ermutigend aus. Aber ich dachte mir, der Rühmann wird schon wissen, was er tut, und bestieg das Flugzeug. Und er brachte mich dann wirklich wohlbehalten nach München und am nächsten Tag wieder zurück.«

Von Toni Sailers erstem Film zeigten sich auch die deutschen Medien angetan. Sie lobten seine anschmiegsame Stimme, seine Natürlichkeit, den ungezwungenen Charme und die adoleszente »Unverdorbenheit« des Kitzbühlers und prophezeiten ihm Sympathien in breiten Publikumsschichten. Freilich gab es auch weniger positive Urteile, nicht zuletzt von seiten seiner einstigen Sportkollegen, die oft recht kritisch, ja sogar spöttisch reagierten. »Aber der Neid hat eigene Bewertungskriterien: Je größer er ist, umso besser ist die Leistung des Kritisierten!«, hieß es in einem Presseartikel.

Schon im März 1958, ein Monat nach der Weltmeisterschaft in Bad Gastein, begannen die Dreharbeiten zu Toni Sailers zweitem Film: »Der schwarze Blitz«. Gedreht wurde während des Kandahar-Rennens in St. Anton, an dem Toni Sailer allerdings nicht teilnahm: »Ich konnte nicht einen Film machen und gleichzeitig ein Rennen fahren. Das wäre unmöglich gewesen. Es wurden gewisse Zuschnitte gedreht, hauptsächlich in St. Anton, St. Christoph, Stuben, Zürs und Lech.«

Seit dem 9. Februar 1958 war Toni Sailer bei aller Welt wieder hoch in Kurs, hatte er doch anlässlich der Weltmeisterschaft seine Siegerqualitäten neuerlich unter Beweis gestellt. Diese Jubelstimmung kam der Filmindustrie höchst gelegen, und es regnete wieder einmal Einladungen zu allen erdenklichen gesellschaftlichen Ereignissen.

Eines davon war der Wiener Opernball, an dem ihn die Schauspielerin Waltraud Haas, die als Ehrengast in der Loge des Finanzministers Reinhard Kamitz saß, zum ersten Mal traf: »Plötzlich ging ein Tuscheln durch alle Logen: ›Der Toni Sailer ist da!‹ Der Skistar, der in den letzten Tagen in aller Munde gewesen war. Wenig später betrat er unsere Loge, um dem Minister vorgestellt zu werden. Auch mich begrüßte er sehr höflich, wahrscheinlich kannte er mich von meinem Film ›Mariandl‹. Er pflegte nicht lange Smalltalk, sondern forderte mich gleich zum Tanz auf. Zwei Wochen später erhielt ich einen Anruf von meiner Managerin: ›Kannst du Ski fahren?‹ – ›Eigentlich nicht‹, antwortete ich. ›Um Gottes willen!‹, rief sie aus, ›Toni Sailer will dich bei seinem nächsten Film als Partnerin, und ich sagte dem Produzenten, du seist eine tolle Skifahrerin!‹ Ich wollte protestieren, aber meine Managerin schnitt mir das Wort ab: ›Nix da, du fährst hin!‹ Und so dampfte ich mit Riesenbauchweh in Richtung Arlberg, denn ich wusste nicht, wie ich über diese steilen Hänge je lebend hinunterkommen sollte.«

Natürlich gestand Waltraud Haas Toni Sailer sofort, dass sie nicht Ski fahren konnte, aber der lachte nur: »Keine Angst, das kriegen wir schon hin!«

Zum Eingewöhnen in die rauen Späße der Skirennläufer gab's dann gleich am Morgen des ersten Tages eine

Episode, die Waltraud Haas nie vergessen wird: »Toni bemühte sich wie der klassische Kavalier, mich, die ich am ganzen Leib zitterte, mit einem Schlepplift auf einen steilen Hang hinaufzubefördern. Plötzlich raste uns in einem richtigen Höllentempo in der Liftspur ein Skifahrer entgegen. Ich schrie vor Schreck gellend auf, aber schon war er um Haaresbreite an mir vorbeigedonnert. Der Skiwüstling entpuppte sich als Karl Schranz, der in dem Film eine kleine Nebenrolle spielte. Er wollte uns nur erschrecken, was ihm bei mir auch hervorragend gelungen war.«

In »Der Schwarze Blitz« zeigte Toni Sailer erstmals sein skifahrerisches Können auch auf der Leinwand, und er schaffte mit diesem Film international den Durchbruch: »Der ›Schwarze Blitz‹ lief in Österreich, Deutschland, Italien, Frankreich, auch in Russland und vor allem in Japan sehr erfolgreich.« Dennoch sah er ihn später mit kritischen Augen: »Ich war einfach zu unerfahren, ich konnte beim Lesen eines Drehbuchs nicht sofort sagen, das müsste man so oder so machen. Aus meiner jetzigen Sicht wäre wesentlich mehr drin gewesen. Aber es war ein netter Film, der auch heute noch relativ oft gezeigt wird. Es sind wunderschöne Skiaufnahmen zu sehen, wunderbare Bilder vom Arlberg, der ja prädestiniert dafür ist, weil die Berge nicht so weit weg sind.«

Der Inhalt ist rasch erzählt: Toni Sailer spielt einen Tischler namens Michael Kirchner. Er ist ein netter Bursche, auch ein bisschen ein Herzensbrecher, und der beste Skifahrer des ganzen Landes. Alle nennen ihn voller Respekt den »Schwarzen Blitz«. Als er beim großen Hahnenkofelrennen antreten will, fällt ein Schatten auf ihn: Er soll seinen härtesten Konkurrenten unsanft und unsportlich behindert haben. Alle sind natürlich böse auf Michael, nur seine geliebte Gretl (Maria Perschy) hält zu ihm. Da es sich aber um einen lustigen Skifilm und keine Tragödie handelte, gab's ein Happy End: Michael wird von allen Verdächtigungen reingewaschen, gewinnt das Abfahrtsrennen und bekommt auch seine Gretl.

»Aber bis es so weit war, musste ich einige gefährliche Abenteuer bestehen. Bei den Dreharbeiten hatte ich oft großes Glück, dass ich ohne schwerere Verletzungen davonkam.

Es gab damals ja noch nicht viele Lifte. Wenn eine Tiefschneeabfahrt vorgesehen war, dann musste ich zunächst genau schauen, wo die Kamera stand. Jedes Mal legte ich mit dem Kameramann und mit dem Regisseur fest, welche Linie ich fahren würde. Und ich musste dann etwa eine halbe bis dreiviertel Stunde den Hang hinaufgehen, immer von der Rückseite, denn der Schnee durfte nicht verspurt werden.

Dann stand ich endlich oben, und wie man weiß, schaut ein Berg von oben ganz anders aus als von unten. Trotzdem musste ich es schaffen, die richtige Linie zu finden, damit ich gut ins Bild kam. Das war jedes Mal mit riskantesten Manövern verbunden.

Einmal kam ich dabei auch wirklich schwer in Not. Man hatte mir gesagt, es gehe ganz bequem dahin und ich müsse nur hinunterfahren, der Kamera entgegen. Ich fuhr also los, und der junge Oliver Grimm hinter mir nach. Nach etwa 150 Meter stand einer da und winkte mit dem Stock. Das war normalerweise das Zeichen, dass man zu dem Betreffenden hinfahren solle. Diesmal aber bedeutete es: ›Stopp! Anhalten!‹

Ich fuhr daher weiter in seine Richtung, bis ich plötzlich entdeckte, dass ich nicht mehr stehen bleiben konnte, weil eine Felswand steil abfiel. Ich machte, so gut es eben ging, eine Kehre, sah einen kleinen Baum über dem Abgrund herausragen und riskierte einen Fünf- bis Zehn-Meter-Sprung, um mich auf den Baum zu retten. Aber dieser war zu wenig tief im Boden verwurzelt, sodass ich den Baum durch die Wucht meines Aufpralls regelrecht ausriss. Ich überschlug mich drei- bis viermal in der beinahe senkrecht abfallenden Wand. Obwohl ich immer wieder versuchte, mich festzuhalten, bremste der Baum meinen Fall nur leicht. Ich stürzte ungefähr 30 Meter hinunter, und als ich unten auf einem Vorsprung aufprallte, ging eine Lawine unter mir ab. Damit war der Drehtag natürlich zu Ende.

Ein anderes Mal wurde ich laut Drehbuch von zwei Polizisten verfolgt, die von den Skifahrern Engele Haider und Martin Strolz gespielt wurden. Der Schnee war tief und weich. Um den Polizisten zu entkommen, machte ich einen Sprung von gut zehn Metern. Ich rechnete mit Pulverschnee, aber an der Stelle, wo ich aufkam, war der Schnee hart wie Stein. Ich fing den ersten Aufprall mit den Knien ab, dann aber schleuderte es mich vornüber. Mit dem Gesicht schlitterte ich durch den rauen Schnee und riss mir überall die Haut auf. Auch das war natürlich für die Fortsetzung der Dreharbeiten in den kommenden Tagen nicht gut. Zumindest Nahaufnahmen konnten die nächste Zeit von mir nicht gemacht werden.«

Trotz dieser Zwischenfälle und einer Phase, in der Toni Sailer wegen gefährlicher Schneeblindheit auf ärztlichen Rat hin eine Woche in der Dunkelkammer verbringen musste, gingen die Dreharbeiten gut voran. »Die letzten Szenen wurden im Juli 1958 in Cervinia gedreht. Da benötigte man noch einige Großaufnahmen. Die Saison war bereits zu Ende, wir waren ganz allein im Hotel, auch das Personal war schon abgereist. Wir machten unsere Betten selbst, kochten Kaffee und besorgten uns Kleinigkeiten zum Essen. Die letzten Studio-Aufnahmen und Bearbeitungen wurden dann im Studio Rosenhügel in Wien erledigt.«

… und schon am 25. September 1958 feierte man Premiere.

Toni Sailer drehte in der Folge über 23 Spielfilme, mit Stars wie Horst Buchholz, Harald Juhnke, Boy Gobert, Susi Nicoletti, Waltraud Haas, Ingrid Andree, Paul Hörbiger, Gustav Knuth, Gunther Philipp, Georg Thomalla, Ernst Waldbrunn, Dietmar Schönherr und vielen anderen. Dazu kamen zahlreiche TV-Serien wie »SOKO Kitzbühel« oder »Die Leute von St. Benedikt«. Millionen Menschen auf der ganzen Welt bewunderten ihn als strahlenden Leinwandhelden. Die höchste Popularität erreichte er jedoch in Japan. Auf allen 3922 Inseln dieses Landes gab es keinen zweiten Ausländer, der eine solche Verehrung genoss wie Kuroi inazuma, der Schwarze Blitz.

Gastein: Nie zuvor war ein Land stolzer auf einen Sportler

Der Superstar der 15. Alpinen Ski-Weltmeisterschaften in Bad Gastein, der seine österreichischen Landsleute in den ersten Februartagen 1958 wieder in Siegestaumel versetzte, war derselbe, der schon 1956 bei den Olympischen Winterspielen von Cortina alles gewonnen hatte. Nur hatte er sich mittlerweile auch zum Filmstar gemausert.

Dreißig Tage, nachdem begeisterte weibliche Fans in hochhackigen Schuhen sein geliehenes Mercedes Cabrio lädiert hatten, trat Toni Sailer nun zur Weltmeisterschaft im Pongau an. Kurz vor der Eröffnung hatte er allerdings bekannt gegeben, dass er danach für keine weiteren Rennen im österreichischen Team zur Verfügung stehen würde, ganz gleich, ob er in Gastein gewinne oder verliere. Hinter den Kulissen liefen schon, wenn auch noch geheim, die Vorbereitungen für seinen zweiten Film, »Der schwarze Blitz«. Damit war die Zukunft des Kitzbühlers geklärt, bevor noch sein letzter großer, sportlicher Auftritt stattfand.

Als im Juni 1955 in Montreux die Weltmeisterschaft ins österreichische Bad Gastein vergeben worden war, galt dies als Sensation. Noch drei Wochen vor der Vergabe war Österreich ein von den Siegermächten des Zweiten Weltkriegs besetztes Land gewesen. Und knapp nach dem Staatsvertrag am 15. Mai 1955 erhielten wir den Zuschlag für das erste internationale sportliche Großereignis nach dem Zweiten Weltkrieg, an dem 175 Sportlerinnen und Sportler mit 82 Betreuern aus 25 Ländern teilnahmen.

Die Ausrichtung dieser 15. Alpin-Weltmeisterschaften erforderte ein riesiges Investitionsvolumen, aber keiner der zahlreichen Planer konnte voraussagen, wie viele zahlende Zuschauer tatsächlich kommen würden.

Die zaudernden Experten hatten nicht mit dem »Toni-Sailer-Effekt« gerechnet. Der Besucheransturm übertraf alle Erwartungen. In eigens für die Ski-WM verkehrenden Sonderzügen strömten die Massen ins Gasteinertal. Zehntausende hatten sich zum Zeichen ihrer Zugehörigkeit zur »Sailer-Partei« die inzwischen weltbekannte weiße Sailer-Zipfelmütze aufgesetzt, und bei den einzelnen Rennen war der Andrang so gewaltig, dass viele von der Talstation bis zum Start durch den Schnee nach oben stapfen mussten, weil die Kapazität der Lifte nicht mehr ausreichte! Allein bei der Herrenabfahrt wurden offiziell 60.000 Zuschauer geschätzt, bei Slalom und Riesentorlauf zwischen 30.000 und 40.000.

Mitten in dieser euphorischen Stimmung ertönten allerdings da und dort schon Zwischenrufe: »Wir brauchen keine Schauspieler, sondern echte Sportler zwischen den Slalomstangen«, hieß es, oder: »Cortina ist ihm zu Kopf gestiegen, und der Film noch viel mehr! Er treibt sich mehr in Bars herum als auf dem Trainingshang ...«

Toni Sailer gab sich gelassen: »Das alles berührte mich damals nicht sehr tief, weil ich wusste, wie hart ich trainierte. Aber natürlich dachte ich mir manchmal, was habe ich falsch gemacht, dass Menschen so über mich reden.«

Zweifellos war sein Einsatz in Gastein riskant, denn in

Cortina hatte er bei jedem Start Bestzeit erreicht, er war sogar in beiden Slalomdurchgängen der Schnellste gewesen. Um die hohen Erwartungen des Publikums zu erfüllen, würde in Gastein nicht einmal ein zweiter Platz ausreichen. Er musste siegen, wenn er seine Fans nicht enttäuschen wollte.

Sämtliche Bewerbe wurden auf den Rennstrecken am Graukogel ausgetragen. Die Pisten waren mit Hilfe der Bevölkerung und des österreichischen Bundesheeres perfekt durchgetreten. Zum ersten Mal in der Geschichte des Alpinen Skilaufs wurde eine vollendete Bahn geschaffen – ein breiter Schneeteppich für die Rennläufer, der viele Gefahren ausschaltete und doch die Strecke nicht leicht machte.

Einen weiteren Meilenstein in der Sportgeschichte lieferte das österreichische Fernsehen, das mit einem Stab von 75 Mitarbeitern angereist war, um Bild- und Tonversorgung für 25 Länder zu gewährleisten. Insgesamt wurden dabei 150 Stunden Bild- und Tonmaterial aufgenommen, sechs Stunden wurden live übertragen. Ich bin sehr stolz auf diese historischen Übertragungen, weil ich etwas später 40 Jahre lang dem ORF als Kommentator, Reporter und Sendungsgestalter angehören durfte. Qualität und Aufwand waren aus moderner Sicht – heute werden größere Skirennen mit 20 Kameras übertragen – eher bescheiden, so befanden sich nur sechs Kameras im Einsatz, wobei die Objektive der Kameras noch von Hand gewechselt werden mussten.

Obwohl es damals noch wenige private Fernsehgeräte gab, waren die Übertragungen regelrechte Straßenfeger. Vor den Schaufenstern der Fernsehgeschäfte bildeten sich riesige Menschentrauben, und in voll gefüllten Kinosälen, in denen man die Live-Übertragung auf die Kinoleinwand projizierte, herrschte große Spannung und Jubel. Im Pressezentrum, das im Hotel Mozart in Gastein eingerichtet war, arbeiteten 450 Journalisten unter hervorragenden Bedingungen. Pressechef Kurt Bernegger hatte ganze Arbeit geleistet, die Gasteiner Pressearbeit galt jahrelang in anderen Ländern als Vorbild – das Fest konnte beginnen.

Und es begann: stimmungsvoll mit einer Eröffnungsfeier am Abend des 1. Februar im kleinen Eisstadion. Auf den Höhen des Graukogels und des Stubnerkogels leuchteten ab 20.30 Uhr Tausende Fackeln. Und einer der 25 Fahnenträger war Toni Sailer, der, wenn er sich in diesen Tagen irgendwo sehen ließ, von zwei heillos überforderten Gendarmen vor der oft handgreiflichen Liebe seiner Fans geschützt werden musste – wie er sich lächelnd erinnerte.

Für das Sonntagskind Sailer schien der 2. Februar 1958, ein Sonntag, der ideale WM-Starttag zu sein. Auf dem Programm stand der Slalom, und Toni war Titelverteidiger. Eine Woche vor Beginn der Weltmeisterschaft in Saalfelden hatte er noch einen Riesentorlauf mit 5 Sekunden Vorsprung gegen absolute Klasseläufer gewonnen.

Wie sollte einer da ahnen, dass Toni Sailer zu Beginn der Weltmeisterschaft in einer tiefen sportlichen Krise steckte? Aber diese zeichnete sich schon beim Slalom-Trainingslauf am Montag ab:

»Beim ersten Lauf kam ich zwei Tore weit, und beim zweiten Lauf kam ich nicht einmal mehr ins zweite Tor hinein. ›Ich muss aufhören‹, dachte ich, ›ich kann nicht mehr Ski fahren.‹ Ich rutschte dann den Hang hinunter und überlegte hin und her, wie ich den Stock einsetzen sollte. Ich wusste es nicht mehr. Ich dachte dauernd, muss ich jetzt dies tun oder das, muss ich drücken, damit ich hinüber komme? Ich wusste es nicht mehr. Ich fuhr im Pflug um die Kurve und rutschte wieder weiter hinunter. Ich machte keinen einzigen Schwung, weil ich es nicht mehr konnte.

Da beschloss ich, nicht mehr zu trainieren. Nicht am

Mittwoch, nicht am Donnerstag, nicht am Freitag und auch nicht am Samstag. Ich griff keinen Ski mehr an, zog keinen Skischuh an und ließ alles auf mich zukommen.

Ich war einfach zu viele Siege gefahren. Ich war so viele Siege gefahren, dass ich nicht mehr wusste, wie es funktionierte. Das kann passieren. Ich war gewohnt, Ski zu fahren und mit den Brettern zu machen, was ich wollte. Und auf einmal hatte ich alles vergessen. Ein schauderhaftes Gefühl!«

Die Trainingslehre spricht in solchen Fällen von einem hoffnungslosen Übertrainiertsein. Und das passierte Toni Sailer ausgerechnet in Gastein, wo er antreten wollte, um der ganzen Welt zu zeigen, dass Cortina kein glücklicher Zufall gewesen war.

Der Sonntag, an dem der Slalom stattfand, begann für Toni Sailer und viele andere Rennläufer um sieben Uhr früh mit einem Gottesdienst. Danach ging es zur Besichtigung auf den Hang, damit man sich die 67 Torkombinationen des Italieners Menardi einprägen konnte. »Ich stapfte da hinauf, und, oben angekommen, wagte ich es nicht, einen Schwung zu probieren. Ich rutschte seitlich ab, machte eine Spitzkehre, zwei-, dreimal, und sagte mir: ›Das muss reichen!‹

Ich versuchte dann einfach, alles auszuschalten, was in meinem Kopf über das Skifahren herumgeisterte.«

Mit solchen Gefühlen startete Toni Sailer im Weltmeisterschafts-Slalom und fuhr mit Bremsen ins erste Tor. Er wollte nur hinunterkommen. Beim zweiten Tor traute er sich schon mehr, und dann kehrte sein Vertrauen auf einmal wieder zurück! Aber der Schock, eine ganze Woche lang nicht gewusst zu haben, ob er überhaupt noch durch ein Tor käme, steckte ihm tief in den Knochen.

Im ersten Durchgang fuhr Tonis Freund Josl Rieder mit 57,7 Sekunden vorläufig Bestzeit, eingeholt vom Japaner Chiharu Igaya, der Rieders Zeit um 1 Sekunde unterbot. Toni Sailer kam mit Startnummer 4 bis auf 0,6 Sekunden an Josl Rieder heran. Für viele ein enttäuschendes Ergebnis:

»Sailer wirkte wirklich nicht überzeugend, er fuhr fast steif, ja gehemmt durch den Flaggenwald, man hatte das Gefühl, er quälte sich auf der ganzen Strecke. 58,3 Sekunden brachten ihn aber auf Platz 3«, hieß es dann tags darauf in einem von vielen ähnlichen Kommentaren.

Im zweiten Durchgang konnten die so leicht zu deprimierenden österreichischen Fans wieder jubeln: Rieder fuhr Bestzeit, Sailer war nur eine Zehntelsekunde langsamer, Igaya verlor auf Rieder 2,6 und auf Sailer 2,5 Sekunden. Das bedeutete Gold für Rieder, Silber für Sailer und Bronze für den Weltklassemann aus Japan, Chiharu Igaya.

Bereits im ersten Weltmeisterschaftsrennen in Gastein musste Toni Sailer also, kaum 22 Jahre alt, die bittere Erfahrung machen, wie trügerisch der Ruhm und wie vergänglich die Gunst von Publikum und Medien waren:

»Ich konnte mich vor dem Slalom nicht frei bewegen, die Leute hätten mich vor Begeisterung fast zerrissen. Nach dem Torlauf machte keiner ein Foto von mir, kein Journalist wollte mich interviewen, und die Leute, die mir vorher am liebsten die Skischuhe abgeschleckt hätten, wandten sich von mir ab. So wie sich vor Moses das Meer geteilt hatte, so wichen die Leute links und rechts vor mir zur Seite.

Ich war nur Zweiter geworden, um vier Zehntelsekunden, ich hatte verloren. Aber es war keine Niederlage. Verlieren ist etwas anderes als eine Niederlage!

Ich schulterte meine Ski und machte mich in Richtung Hotel auf den Weg. Ich sehe noch die große Wiese vor mir, über die ich dahinstapfe. Nach wenigen Schritten überholte mich ein Journalist – die Sonne fiel schräg von hinten

Abbildung 23: *Nicht nur Toni Sailer, sondern ganz Österreich war traurig und enttäuscht, dass er im WM-Slalom »nur« Zweiter wurde. Dabei hatte ein anderer Österreicher gewonnen: Josl Rieder. (Foto Votava)*

ein, deshalb nahm ich ihn wahr. Er warf mir die Frage zu, über die Schulter zurück und ohne mich anzusehen: ›Was war los heute?‹ Ich wusste, er wartete gar nicht auf meine

Abbildung 24: *Ein ungewöhnliches Siegerbild: Toni Sailer steht einmal nicht im Mittelpunkt, sondern der Leermoser Slalomweltmeister Josl Rieder. Links im Bild der großartige Slalomtechniker aus Japan Chiharu Igaya, der nach dem ersten Durchgang noch geführt hatte. (Foto Votava)*

Antwort. Ich hätte auch gar keine Antwort gegeben, außer er hätte so viel Anstand aufgebracht, mich zu bitten, ob er mir ein paar Fragen stellen dürfe. Mich zu fragen, ob ich überhaupt bereit oder in der Lage dazu wäre.

Ich selbst war froh, überhaupt Zweiter geworden zu sein. Ich hatte mir gedacht, wenn ich Gold schon nicht gewinne, dann darf mir Igaya wenigstens nicht die Silberne abnehmen. Das war mein Ziel. Aber nach dieser silbernen Schande taten alle so, als hätte ich die Pest. Wenn ich einen berührt hätte, der hätte sich wahrscheinlich bekreuzigt.

Da wusste ich, ich hatte bei dieser Weltmeisterschaft und in meinem Skifahrerleben noch zwei Rennen, und die musste ich gewinnen.«

Am Mittwoch, dem 5. Februar, gelang es Toni Sailer, das Slalomergebnis vom vergangenen Sonntag umzudrehen. Er gewann den Riesentorlauf mit einem Vorsprung von 3,8 Sekunden vor Josl Rieder!

Nach diesem Riesentorlauf kam er völlig ausgepumpt ins Ziel, denn er musste auf der 2400 Meter langen Strecke vom Start weg mit größtem Krafteinsatz kämpfen. Die Piste war sehr weich geworden, da die Temperatur innerhalb einer Stunde um 6 Grad gestiegen war. Noch in der Nacht vor dem Rennen hatte er einen Schüttelfrostanfall und Fieberstöße erlitten, die er mit Vitamin C bekämpfte. Dennoch schlug er seinen Freund und härtesten Konkurrenten Josl Rieder mit einem Schnitt von 80 km/h und einem Vorsprung von fast 81 Metern.

In einer Blitzumfrage unter Tonis Konkurrenten hieß es daraufhin einhellig: Wenn Sailer nicht stürzt, ist er im Abfahrtslauf ebenfalls unschlagbar.

Der Graukogel sah am folgenden Sonntag, dem 9. Februar 1978, aus, als hätte man das ausverkaufte Wiener Praterstadion über der herrlichen Landschaft ausgegossen: 60.000 Menschen waren gekommen, um Toni Sailer mit Applaus und Geschrei zur nächsten Goldmedaille zu treiben. Die Menschen wussten zu jenem Zeitpunkt noch nicht, dass sie das gewaltigste Abschiedsfest der Skigeschichte miterlebten – Toni Sailers letztes Rennen.

Um halb sechs in der Früh verpassten die Sportler am Tag des Abfahrtslaufes ihren Skiern gerade noch den letzten Schliff. Da wurden sie von einem lauten Ruf aufgescheucht: »Sofort in den Frühstücksraum kommen, der Bundespräsident ist da!«, hieß es. Adolf Schärf entschuldigte sich höflich, dass er sie beim Skiwachseln gestört hatte, aber er wollte ihnen im Namen der Bundesregierung und aller Österreicher noch Glück wünschen.

Abbildung 25: *Im Riesentorlauf stellte Toni Sailer die für Österreich gewohnte Rangordnung wieder her: Diesmal gewann er mit 3,8 Sekunden Vorsprung auf seinen Slalombezwinger Josl Rieder. (Foto Votava)*

Im Startgelände staunten dann Reporter und viele ihrer Rennfahrkollegen gleichermaßen, als Josl Rieder und Toni Sailer Aufwärmgymnastik betrieben. Sie schüttelten ihren Körper durch, vollführten Rumpf- und Schulterkreisen, Kopfdrehen und Zehengymnastik.

Dann ging es los. Sailer wurde mit der Startnummer 3 ins Rennen geschickt und erzielte mit 2:28,5 Minuten neuen Streckenrekord. Spannend wurde es, als der Amerikaner Bud Werner seine Bestzeit attackierte.

Bei der ersten Zwischenzeit lag Buddy Werner nur 0,2 Sekunden zurück, zur Halbzeit des Rennens, bei Tor 14, schon 1,6 Sekunden, bei Tor 17, dem letzten Kontrolltor des Zielhangs, wurde er von einer Bodenwelle ausgehoben und stürzte schwer. Er kollerte 100 Meter den steilen Hang hinab, verlor einen Ski, fuhr auf dem anderen Ski weiter, stürzte nochmals, und kam dann völlig entmutigt durchs Ziel.

Was sich dann abspielte, als aus 60.000 Kehlen wildes Siegesgeheul ausgestoßen wurde, hatte es bis zu diesem Zeitpunkt bei einem Skirennen noch nicht gegeben. Fast berührend klingt der Ausruf des österreichischen Reporters Heribert Meisel, den man als Sprecher von Millionen glücklicher Österreicherinnen und Österreicher bezeichnen durfte, als er am 11. Februar im »Kurier« schrieb: »Nie zuvor ist ein Land stolzer auf einen Sportler gewesen.«

Die österreichische Mannschaft hatte geschlossen eine gute Leistung erbracht: Anderl Molterer war Fünfter, Hias Leitner Sechster und Josl Rieder Achter geworden. Toni, der ja auch die Kombination gewonnen hatte, und seine drei Teamkollegen mussten mühsam durch eine jubelnde Menschenmauer ins Hotel gelotst werden. Zur Siegesfeier kletterten sie dann durch ein Fenster auf der Rückseite des Hotels ins Freie.

Der bereits zitierte Heribert Meisel, der als einer der wenigen Österreicher wusste, dass Toni Sailer mit diesem Triumph auf dem Graukogel Abschied von der Ski-Arena nahm, schrieb am nächsten Tag in seiner Glosse »Gasteiner

Abbildung 26: *Im letzten Skirennen seines Lebens gewann Toni vor 60.000 begeisterten Zuschauern den Abfahrtslauf vom Graukogel und eroberte damit nicht nur in dieser Disziplin die Goldmedaille, sondern auch in der Kombination. (Foto APA PictureDesk)*

Sprudel«: »Wenn man miterlebt hat, wie die Leute, alle natürlich in bester Absicht, ihm in den letzten Gasteiner Tagen zugesetzt haben, wie er weder beim Frühstück noch beim Skiwachseln, noch beim Training, ja nicht einmal beim Anschnallen der Skier vor dem Weltmeisterschaftsrennen einige Minuten Ruhe von seinen Bewunderern und sonstigen Interessenten findet, dann muss man einfach verstehen, dass es so – vom Standpunkt Sailers aus betrachtet – nicht mehr weitergehen kann. Diese ewige Nervenbelastung, diese dauernden Störungen vermag ein Mensch, auch ein Toni Sailer, der Nerven wie Drahtseile besitzt, auf die Dauer nicht auszuhalten. Ich kann mir einfach nicht vorstellen, dass ein Mann jemals mehr vom Publikum gejagt worden ist und noch täglich, stündlich, gejagt wird, als dies bei Toni Sailer der Fall ist. Wenn Toni nur noch Filmstar allein sein wird, dann wird er Ruhe haben. Nicht eher.«

Dies alles traf zu, bis auf den letzten Satz, denn was sich um den Filmstar Toni Sailer in Japan abspielen sollte, dagegen war die Weltmeisterschaft in Bad Gastein eine Pensionatsfeier.

Tenno, Toni und die Liebe der Japaner

Schon vor der Ära Toni Sailer hatten Österreicher an der Entwicklung des japanischen Skisports einen großen Einfluss genommen. Major Theodor Edler von Lerch, ein Schüler Zdarskys, gilt als der Mann, der im Jahr 1911 den Alpinen Skilauf in Japan einführte.

Der Arlberger Hannes Schneider, der 1922 die erste Skischule Österreichs in St. Anton gegründet hatte, kam 1930 nach Japan – übrigens mit dem Zug über Russland und China – und unterrichtete dort seine neuen Skitechniken Stemmbogen und -schwung sowie den Pflugbogen.

Stefan Kruckenhausers »Zweiter österreichischer Skilehrplan« wurde ins Japanische übersetzt und bildete fortan die Grundlage des japanischen Skiunterrichts. Es gab noch einige andere Österreicher, die den japanischen Skisport weiterzuentwickeln halfen, aber durch das Skiphänomen Sailer setzte sich die österreichische Skischule in Japan entscheidend gegen diejenige der Franzosen durch, und nicht zuletzt boomte die österreichische Skiindustrie dank Toni Sailer. »Er ist in Japan heute noch – über ein halbes Jahrhundert nach seinen großen sportlichen Triumphen – viel populärer als in seiner Heimat«, sagt Japan-Experte Roland Domenig von der Universität Wien. Das erwies sich für mich im Frühjahr 2009, als ich mit einem Porträtfoto Tonis aus den Fünfzigerjahren Passanten auf dem Wiener Stephansplatz befragte. Von 30 Angesprochenen erkannten ihn drei österreichische Frauen sofort, und nach längerem Raten auch ein Gast aus München. Einundzwanzig wussten, dass Toni ein Sportler war (Skifahrer, meinten die meisten, einige auch Fußballer), aber neun Österreicher konnten mit dem Namen Toni Sailer nichts anfangen!

Dafür gab während der Ski-Weltmeisterschaft 1993 in Morioka, Japan, jeder Einzelne der Befragten an, Toni Sailer zu kennen. Eine Lehrerin gestand sogar, leicht errötend: »Ich kenne die berühmtesten Österreicher wie Mozart und Sigmund Freud, aber am allerliebsten ist mir Toni Sailer.«

An den Wänden japanischer Wohnungen hingen Bilder des angebeteten »Tonai«, und der größte Wunsch vieler Japaner war es, Sailer san einmal ehrfurchtsvoll die Hand drücken zu dürfen. Auch etliche japanische Skiressorts und zahlreiche Abfahrtspisten tragen seinen Namen – das Chateraise-Skiressort Yatsugatake wurde sogar nach den Plänen von Toni Sailer erbaut.

Im Jahre 2005 waren laut einer umfangreichen Befragung die fünf berühmtesten Österreicher in Japan Kaiserin Elisabeth (Sissi), Arnold Schwarzenegger, Mozart, der Physiker Anton Zeilinger und – Toni Sailer.

Noch im Jahre 2008 finden sich auf privaten japanischen Webseiten zahlreiche Hinweise darauf, dass eine Art »Toni-Sailer-Revival« im Gange ist: Viele seiner Filme wurden wieder gezeigt. »Kuroi inazuma«, »Der schwarze Blitz«, ist heute wie damals für die 130 Millionen Menschen auf den japanischen Inseln im Pazifik ein Star.

Demgegenüber fallen die Ehrungen, die ihm seine Heimatstadt zuteil werden ließ, magerer aus. Irgendwie fühlt man sich an Wolfgang Amadeus Mozart erinnert, der in Salzburg nie so richtig anerkannt wurde und von dort sogar flüchtete, weil er mit den Bürgern im Dauerzwist lag: »Ihre Sprache und ihre Lebensart sind mir unerträglich«, sagte er einmal und verabschiedete sich von »seinen Salzburgern«, die heute mit Mozarts Namen Milliarden scheffeln, mit folgendem, nicht sehr vornehmem Vers:

Ich werde ihnen den Arsch petschieren,
hinten und vorn Klistieren,
einen wackren Furz lassen erschallen
und vielleicht auch etwas lassen fallen.

Der Kitzbühler Skistar erwies sich in dieser Hinsicht als vornehmer als der Salzburger Musikstar. Toni Sailer liebte seine Heimatstadt, obwohl es ihm hier erging wie dem sprichwörtlichen Propheten im eigenen Land. Wann immer Kritik an Kitzbühel aufkam, war er der Erste, der diese Stadt leidenschaftlich verteidigte.

Aber blicken wir zurück: Nach dem Olympia-Höhepunkt 1956 dachten viele schon, der junge Tiroler würde den plötzlichen Ruhm nicht verkraften und einer Sternschnuppe gleich wieder verglühen. Doch es kam, wie Otto Schwald in seinem für alle Skisport-Interessierten unverzichtbaren Buch[3] schreibt: »Die Antwort gab Toni Sailer wieder auf der Piste. In der nacholympischen Saison dominierte er fast nach Belieben, schaffte zunächst am Lauberhorn den Hattrick, gewann wieder auf der Streif und holte sich schließlich den Sieg im Riesentorlauf in Garmisch.

Als überragender Mann erwies sich Toni Sailer vor allem aber in Übersee, wo er gegen stärkste internationale Konkurrenz in 15 Rennen 13 Siege feierte, unter anderem

---

[3] Österreichischer Skiverband (Hg.), Österreichische Skistars von A–Z. Zusammengetragen von Otto Schwald. Innsbruck 2008

bei der US-Meisterschaft in Stowe, bei der nordamerikanischen Meisterschaft in Squaw Valley und beim Harriman Cup in Sun Valley. Zudem war er 1957 auch noch dreifacher österreichischer Meister geworden.«

Und während man diese USA-Siege in Österreich nur so nebenbei registrierte, betrat Toni Sailer 1957 als Triumphator erstmals japanischen Boden. Kronprinz Akihito, der älteste Sohn von Kaiser Hirohito und Kaiserin Nagako, hatte den unbedingten Wunsch geäußert, ihn kennenzulernen.

So lud der geschäftsführende Direktor des japanischen Skiverbandes Toni zu einer Ski-Demonstration ein: »Ich war gerade in New York, und Josl Rieder, der in Stowe und Portland auch Siege gefeiert hatte, war in Portland. Ich rief ihn an: ›Ich habe eine Einladung vom japanischen Skiverband, fährst du mit? Nach Japan kommen wir vielleicht nie wieder.‹«

Josl Rieder sagte zu, und die beiden Tiroler machten sich auf den Weg ins Reich der aufgehenden Sonne.

Am 18. April 1957 gab die Austria Presseagentur (APA) bekannt: »Am kommenden Freitag werden die beiden österreichischen Skirennläufer Toni Sailer und Josl Rieder im Joetsu-Skigelände, in den Bergen nahe der japanischen Hauptstadt, eine Demonstration ihres Könnens geben. Am Samstagvormittag werden sie vom japanischen Kronprinzen Akihito empfangen werden und am Nachmittag wird der österreichische Gesandte Leitner in der Botschaft einen Empfang für Sailer und Rieder geben.«

Die beiden Tiroler bewährten sich dann als ausgezeichnete Skidiplomaten, denn sie lobten die japanischen Läufer, die in einem Slalomlauf ihr Können zeigten, für ihre gute Technik, und Toni riet den jungen japanischen Athleten, sich ein Beispiel an dem großen japanischen Kämpfer und Slalomtechniker Chiharu Igaya, dem Olympiazweiten von Cortina und späteren Bronzemedaillengewinner von Gastein, zu nehmen. »Skifahren war zu jener Zeit in Japan eher uninteressant. Niemand wusste dort, dass Igaya eine Medaille gewonnen hatte, geschweige denn, dass er ins Kaiserhaus eingeladen worden wäre.«

Umgekehrt »schwärmte der japanische Skiexperte Shiga Ziu von den fantastischen Fahrten der beiden. Toni Sailer wurde bei seinen Fahrten von mehreren Kameras verfolgt und der Film dann unter dem Titel ›Der König des Skis (Suki no ôja)‹ veröffentlicht. Man war sich unter den japanischen Experten einig, dass die Technik der beiden Österreicher kaum zu überbieten ist.«[4]

Die Angst Tonis, nicht mehr nach Japan zu kommen, entpuppte sich übrigens als unbegründet. Er war alles in allem über 180-mal dort, als Superstar des Skisports, als heiß verehrter Filmstar, als begehrter Sänger, viele seiner 18 Schallplatten hielten sich wochenlang in den japanischen Charts. Und wann immer österreichische Firmen oder die österreichische Handelskammer große Verträge mit japanischen Konzernen abschlossen, wünschten sich die japanischen Gastgeber Toni Sailer in persona, sozusagen als absoluten Höhepunkt von Festakt und Dinner.

»Anlässlich einer Japanreise vor sechs, sieben Jahren meinte einer der Zöllner zu mir: ›I would never open your suitcase!‹« Das spricht eigentlich für sich. »Ein anderes Mal wollte Hans Miller, ein Mitarbeiter der Firma Atomic, nach Japan einreisen, als ich gerade dort war. Ich fuhr zum neuen Flughafen hinaus, um ihn abzuholen. Dort waren bereits verschiedene Leute versammelt, nur – wer nicht da war, war Hans Miller. Auf einmal kommt ein Polizist da-

---

[4] Sophie Leonhartsberger: »Der Einfluss Österreichs auf die Entwicklung des japanischen Skisports am Beispiel des Skirennläufers Toni Sailer«. Diplomarbeit, Wien 2007

Abbildung 27: *Tonis Film »Der schwarze Blitz« war in Japan die große Sensation, dort sahen ihn doppelt so viele Leute wie den Hollywood-Blockbuster »Vom Winde verweht«. (Foto Murnau Stiftung, mit freundlicher Genehmigung von Transit Film)*

her und winkt mich zu sich: Ob ich einen Mister Miller kenne.

›Ja, einen Mister Miller kenne ich, Firma Atomic‹, antworte ich.

Er führte mich hinauf in ein Büro, wo drei, vier Uniformierte warteten. Sie teilten mir mit, sie könnten Herrn Miller nicht einreisen lassen, weil er keinen gültigen Pass habe. Ich: ›Das ist sehr schade! Heute können wir auch den Botschafter nicht mehr erreichen.‹ Es war Freitag Nachmittag.

Wir diskutierten hin und her, und plötzlich meinte einer der Polizisten: ›Herr Sailer, wenn Sie dafür garantieren, dass Herr Miller in der Nähe des Hotels bleibt, Tokio auf gar keinen Fall verlässt, sich am Montag sofort bei der Botschaft meldet und man uns umgehend verständigt, dann können Sie Herrn Miller mitnehmen!‹«

Besser als am Beispiel dieser Episoden mit japanischen Zöllnern, die sonst für ihre Akribie gefürchtet sind, könnte der Status Toni Sailers in Japan nicht illustriert werden.

Toni Sailer sah den Grund für seine Popularität in Japan differenziert:

»Der dreifache Olympiasieg ist sicher ein Grund, ganz gewiss aber auch der Umstand, dass ich 1957 ins Kaiserhaus eingeladen wurde. Das war damals in der Öffentlichkeit eine Sensation. In allen Zeitungen gab es Schlagzeilen: ›Österreichischer Ski-Olympiasieger hatte eine Audienz im Kaiserhaus‹. Zwei stinknormale europäische Sterbliche schafften das, was viele Millionen Japaner sich damals nicht einmal in ihren kühnsten Träumen auszumalen wagten: ins Kaiserhaus zu kommen. Nicht einmal der Slalom-Silbermedaillengewinner von Cortina, der Japaner Chiharu Igaya, schaffte das zu jener Zeit.«

Akihito war damals 23, knapp zwei Jahre älter als Toni Sailer, ein begeisterter Skifahrer und großer Verehrer des Tiroler Olympiasiegers. Außer Akihito waren bei der Audienz in Vertretung der kaiserlichen Familie die Prinzen Yohashinomiya und Hoitachinomiya zugegen: »Akihito kannte viele Namen der damals besten Skiläufer, er interessierte sich für die Entwicklung des Alpinen Skilaufs, die Olympischen Spiele und die nächste Weltmeisterschaft in Bad Gastein.«

Der damalige Kronprinz und heutige Kaiser Akihito, der 125. Tenno der japanischen Geschichte, führte das Gespräch in fast freundschaftlichem Ton. Roland Domenig skizziert die Situation so: »Nach dem Krieg war der Tenno eine umstrittene Figur, auch aus Gründen der Vergangenheit. Das Kaiserhaus war für einen Normalsterblichen völlig tabu, der Kaiser saß da drinnen, unnahbar wie ein Gott …«

Akihito hatte das erkannt und versuchte, das Kaiserhaus mehr in Volksnähe zu rücken. Der Schritt, Toni Sailer, der alles andere war als ein Mann des Hochadels, einzuladen, erwies sich als kluge Entscheidung, um dem Kaiserhaus wieder zu Popularität zu verhelfen.

Zwei Jahre später – im Jahr 1959 – ging der heutige 125. Tenno noch einen großen Schritt weiter: Er heiratete die Bürgerliche Shoda Michiko, die Öffnung zum Volk wurde noch einmal vorangetrieben, und mit der Live-Übertragung der Hochzeit im japanischen Fernsehen war die Kaiserfamilie wieder in die Mitte des japanischen Volkes gerückt.

Olympia-Gold und Audienz beim Kaiser waren das eine, aber den endgültigen Durchbruch zum Liebling der Massen hätte Toni Sailer wohl nicht geschafft ohne den Streifen »Der Schwarze Blitz«, der im April 1969 in Japan Premiere hatte:

»Der Film entwickelte sich zu einem Kassenschlager, wie er in Japan noch nie da gewesen war. Er lief einige Monate lang in Hunderten Lichtspieltheatern, war immer restlos ausverkauft und wurde von viel mehr Japanern gesehen als der Hollywood-Megaseller ›Vom Winde verweht‹. Natürlich freute ich mich über diese Begeisterung!«

Toni Sailers erste Filme waren in den deutschsprachigen Ländern einigermaßen wohlwollend kritisiert worden. Dennoch hörte man von der hohen Warte der Kritik herab immer wieder auch spöttische, ja hochmütige Zwischentöne, etwa das Urteil eines deutschen Kritikers: »… nette, aber total seichte Unterhaltung«. In Japan allerdings ließen Sailer-Filme Millionen Menschen lachen, staunen und träumen.

»Neben dem ›Schwarzen Blitz‹ machte noch ein wei-

Abbildung 28: *Millionen japanischer Frauen schwärmten von Kuroi inozuma, dem »schwarzen Blitz« (Foto Archiv Toni Sailer)*

terer Skifilm mit mir Furore: ›Zwölf Mädchen und ein Mann‹. Das war, von der Warte des Skiläufers betrachtet, der beste Film, den ich je gemacht habe. Ich staune nach

Abbildung 29: *Der »schwarze Blitz« war nicht nur ein fantastischer Skifahrer, sondern auch ein großer Charmeur. Hier mit Waltraud Haas (Foto Trüol)*

wie vor, was ich mit einem Ski alles zuwege brachte, und auch mit zweien, und wie ich gewisse Szenen mit meinen 2,20-Meter-Latten schaffte. Das Größte aber für die Japaner war die Filmmusik von Franz Grothe. Vor allem das Lied, das er mir geschrieben hat, ›Ich bin der glücklichste Mensch auf der Welt‹. Heute kann man es fast als japanisches Volkslied bezeichnen, als Volkslied, das sie im Zug singen – die Japaner singen ja im Zug nach österreichischem Vorbild. Der Geiger spielt es ebenso wie die große, 60 Mitglieder starke Blaskapelle, die zum Weltcuprennen im Zielraum aufmarschiert. Tausende Menschen singen es auf den Tribünen lautstark mit, wahrscheinlich spielen sie es auch mit den kleinen Zittergeigen … Sie singen es stundenlang, wenn sie sich zum Skifahren auf den Weg machen, es ertönt aus den Lautsprechern in den Skiressorts, hier meist von einer Platte abgespielt, die ich auf Japanisch besungen habe. Kinderchöre trällerten es, Stehgeiger spielten es mit Klavierbegleitung in vornehmen Bars, und wenn ich irgendwo ein feineres Lokal betrat, spielte der Pianist als Empfangshymne sofort dieses Lied.«

Toni Sailers »Ich bin der glücklichste Mensch auf der Welt« wird heute noch von vielen Millionen Menschen aus voller Kehle gesungen. Erst im Februar 2009 schrieb Karl Hohenlohe über das Phänomen Sailer in einer »Kurier«-Glosse: »Die Popularität von Toni Sailer wird heutzutage kaum noch erreicht. Ich erinnere mich an eine Reise, die mich im Tross von Toni Sailer nach Japan führte. Jener war damals unweit der 70. Selten habe ich einen Sportler erlebt, dessen Erfolge Jahrzehnte zurücklagen, der aber von den Massen noch immer so viel Zuneigung erfuhr. Abertausende Japaner lächelten glückselig, als sie Toni Sailer vor sich hatten, 99,4 Prozent zückten einen Fotoapparat. Dann ging's den Berg hinan, und dank einer Verkettung von Zufällen nahm ich im Doppelsessellift neben Herrn Toni Sailer Platz. Ungefähr bei der Hälfte der Strecke geschah etwas Seltsames. Plötzlich erklang aus dem Lautsprecher Musik. Jawohl, es war eine Aufnahme aus den Sechzigerjahren, Toni Sailer, der auf Japanisch sang. Anerkennend blickte ich zu Toni Sailer hinüber, und Toni Sailer lächelte. Lächelte er stolz, ver- oder überlegen? Ich weiß es nicht, und etwas wunderbar Geheimnisvolles erfüllte diesen bedeutenden Moment …«

Für uns mutet es wie ein orientalisches Märchen an, dass ein Europäer ausgerechnet in einem asiatischen Land, das auf eigene Traditionen und eigene Helden den allergrößten Wert legt, zum unumstrittenen König der Herzen werden konnte.

Am 15. November 1959 betrat Toni Sailer schließlich zum zweiten Mal in seinem Leben japanischen Boden. Diesmal bereiteten Zehntausende Sailer-Fans ihrem

Star einen überwältigenden Empfang. Auf dem Tokioter Flughafen Haneda hatte sich eine riesige Menschenmenge versammelt, so gewaltig, dass sie durch das Gedränge regelrecht hin- und herzuwogen schien. Und mitten drin gab Toni Sailer, offenbar unberührt vom Blitzlichtgewitter der Fotografen und dem Geschiebe der Fans, lächelnd und höflich antwortend drei Pressekonferenzen: eine für die Zeitungen, eine für Rundfunk und Fernsehen und eine für die Verlage. »Ich werde bis April 1970 in Japan bleiben und möchte viel auf den japanischen Bergen Ski fahren«, ließ er die Journalisten wissen, »außerdem werde ich in Ihrem schönen Land einen spannenden Liebesfilm drehen, er heißt ›Der König der Silbernen Berge‹,...«, und im nächsten Moment wurde er durch die Menschenflut von den Interviewern weggespült. Teenager schrien sich die Seele fast aus dem Leib und kämpften beherzt um einen Platz, an dem sie ihrem Idol möglichst nahe waren. »Es gab schrill-kreischende Begeisterungsrufe und arge Drängeleien«, schrieb die Zeitung »Asahi«. Und die Journalisten vergaßen nicht anzumerken, dass beim Empfang Toni Sailers die Begeisterung unvergleichlich größer war als beim Besuch von Marilyn Monroe, dem Sexsymbol des Jahrhunderts schlechthin.

»Es war damals wirklich mühsam«, erinnerte sich Toni Sailer, »ich war todmüde und an der Grenze meiner Leistungsfähigkeit. Ich schlief schon fast stehend ein, hatte ich doch einen langen, anstrengenden Flug hinter mir, drei große Pressekonferenzen, stundenlanges Blitzlichtgewitter, wilde Drängeleien, und immer musste ich freundlich lächeln. Am liebsten hätte ich mich in irgendeiner Ecke des Flughafens schlafen gelegt.

Endlich tauchten zwei große Limousinen für die Fahrt vom Flughafen Haneda ins riesige Akasaka Prince Hotel in Tokio auf. In den ersten Wagen stieg ich ein, im zweiten, der in gehörigem Abstand hinter uns fuhr, lagen meine Gepäckstücke. Die hätten mich im Wageninneren stören können, deshalb wurden sie in einem eigenen Auto transportiert.

Jedes Mal, wenn ich später einer japanischen Einladung Folge leistete, wurde ich auf diese noble Art abgeholt und wieder zum Flughafen chauffiert, in einer Limousine, und ein Fahrer mit Kappe und weißen Handschuhen öffnete mir den Schlag. Überhaupt kann man sich keine herzlicheren, liebenswürdigeren Gastgeber als die Japaner vorstellen. Jeder, der mit mir in Berührung kam, tat alles, um mir den Aufenthalt in seinem Land so angenehm wie möglich zu machen.

Wenn ich dagegen für Österreich hinübergeflogen bin, und das war sehr oft, für die Bundeswirtschaftskammer, die VÖST, für alle Institutionen, die mit Handel zu tun hatten, wurde ich nie, nicht ein einziges Mal, vom Flughafen abgeholt, geschweige denn, dass man mich wieder zum Flughafen hingebracht hätte.«

Die Ankunft Toni Sailers im Akasaka Hotel stürzte das riesige Haus innerhalb von wenigen Tagen in eine schwere Krise: »Das Hotel war sofort von meinen Fans besetzt, an einen normalen Betrieb war nicht mehr zu denken. Hunderte Menschen verstopften die Gehsteige und Straßen vor den Eingängen. Kein Taxi konnte mehr vorfahren, und hatte man sich mit Glück und Brachialgewalt zum Eingang vorgedrängt, kam man in der riesigen Empfangshalle nicht zur Rezeption. Die große Bar auf der gegenüberliegenden Seite war ebenfalls durch Menschentrauben blockiert.

Nach drei Tagen wandten sich die Hotelmanager an die Produktion: ›Es geht so nicht! Der ganze Betrieb ist gestört!‹ Und sie baten, den Herrn Sailer woanders unterzubringen. ›Hier kann er nicht bleiben. Die Fans sind überall. Sie sind vor dem Eingang, sie sind in der Halle, sie warten an der Bar, sie sind auf allen Stockwerken, weil sie nicht wissen, wo Herr Sailer ist. Sie schleichen überall herum, und wir können nicht unterscheiden, ist das nun ein Gast oder ein Fan.‹

Darauf wurde ich in ein Privathaus übersiedelt. Das Haus war wunderschön, die Wirtschafterin allerdings eine Vollblutjapanerin, die nur Japanisch verstand …«

Toni Sailer war damals lange vor Drehbeginn seines japanischen Filmes nach Tokio gekommen, weil er Ehrengast beim ersten deutschen Filmfestival nach dem Krieg war. Außerdem präsentierte er seinen neuen Film, »Zwölf Mädchen und ein Mann«, der bald zumindest genauso erfolgreich war wie »Der schwarze Blitz«.

Neben Toni Sailer hatten sich zahlreiche deutschsprachige Filmstars zu diesem Festival in Japan eingefunden, darunter große Kaliber wie Bernhard Wicki oder Liselotte Pulver. Aber Sailer stahl sogar den erfolgsverwöhntesten Schauspielern die Show. Kein Wunder, dass am nächsten Tag die Fernschreiber der Austria Presseagentur (APA) in den österreichischen Zeitungsredaktionen zu rattern begannen: »Toni Sailer hat in Tokio bisher alle Popularitätsrekorde gebrochen. Kein Hollywoodstar und auch kein japanischer Künstler erhielt so einen Empfang wie der österreichische Ski-Champion, es herrschte unglaubliche Hysterie!«

Die Wortwahl legt nahe, dass der Journalist der APA Toni Sailer nicht eigentlich als ernsthaften Schauspieler betrachtete, denn er stellte den Hollywoodstars und japanischen Künstlern nicht den Schauspieler, sondern den »österreichischen Ski-Champion« gegenüber, obwohl Sailer seine Ski-Karriere längst beendet hatte.

Trotzdem: Ohne seine Filme wäre Toni Sailer nicht binnen kürzester Zeit zu einem der berühmtesten Menschen in Japan aufgestiegen. Er lachte von allen Plakatwänden, die Kaufhäuser rissen sich um ihn als Werbeträger, und auch die Mode-Branche schwamm auf der Sailer-Welle. Als Wintersportler war man nur »in«, wenn man ein Outfit von Sailer sein Eigen nannte. Die Händler boten die Damenbekleidungen aus dem Film »Zwölf Mädchen und ein Mann« an und kamen mit den Lieferungen kaum nach. Die APA berichtete darüber am Silvestertag 1959: »Immer häufiger sieht man auf den Straßen Tokios Pullover und Anoraks à la Toni Sailer, und auch die weltberühmte weiße Zipfelmütze Tonis findet bereits zahlreiche Nachahmer.« Toni musste lachen, wenn er diese Zeit Revue passieren ließ: »Egal, was ich zufällig trug, Pullover, Hosen, Anoraks, das war zwei Tage später schon die ›Sailer-Mode‹!«

Damit nicht genug, strahlten die Rundfunkstationen tagtäglich Sendungen mit Toni Sailer aus, und die Lieder, die er in seinen Filmen sang, eroberten eins nach dem anderen das Spitzenfeld der japanischen Charts. Das Lied »Ich bin der glücklichste Mensch auf der Welt« stieg im November 1959 in der Sendung »Top 20 in Japan« zuerst mit der Nummer 18 ein, und nach einem Monat lag es schon auf Platz 2. Nicht zuletzt hatte der Sailer-Boom auch die Musikindustrie erfasst!

Dass Toni Sailer dazu noch täglich im Fernsehen von seinem »wunderschönen Heimatland« erzählte, war für Österreichs Fremdenverkehrs- und Wintersportindustrie von unschätzbarem Wert. Endlich wusste man in Japan punktgenau, wo auf der Erde Österreich lag, man wusste, das ist die Heimat von Toni Sailer, mit »dieser herrlichen Gebirgswelt«.

»Es gibt andere Österreicher, die in Japan ebenfalls sehr populär sind, die aber nicht als Österreicher wahrgenommen wurden«, erzählt Dozent Domenig. »Zum Beispiel Romy Schneider – manche meinten, sie sei Französin, einige dachten, sie sei Deutsche. Noch viel später war Arnold Schwarzenegger in Japan ein Star, da glauben die meisten, dass er Amerikaner ist. Nur Toni wurde von Beginn an als Österreicher wahrgenommen und geliebt. Als Wissenschaftler nimmt man das Wort ›Wunder‹ nicht so gern in den Mund, aber Toni Sailer war ein Phänomen, das es in Japan in dieser Form nie wieder gegeben hat. Meiner Ansicht nach war die Sailer-Euphorie der erstaunlichste Boom der Nachkriegsgeschichte in Japan. Ende der Fünfzigerjahre, nach den harten Kriegs- und Nachkriegsjahren, hatte sich eine neue Freizeitkultur entwickelt, man hatte wieder etwas Geld erarbeitet und konnte es sich leisten, in die Natur zu reisen. Gerade durch den Wintersport, bei dem man die Berge im Schnee, die ganze phantastische Landschaft genießen konnte, erlebten die Menschen einen wunderbaren Kontrast zu den hektischen Großstädten, und Toni Sailer war für diesen Trend eine ideale Leitfigur. Die Menschen in Japan liebten ihn als Sportler, Schauspieler und Sänger, und sie verehrten ihn wegen seiner Bescheidenheit und Natürlichkeit.«

Am Höhepunkt der japanischen Sailer-Hysterie – ungefähr zu Beginn der Siebzigerjahre – musste man blind und taub sein, um an dem Namen Toni Sailer vorbeizukommen.

Aber nicht alles, was diese übermächtige Präsenz mit sich brachte, gereichte ihm auch zum Vorteil:

Watanabe Noboru, der Chef der Filmfirma »Pearl House«, fungierte in Japan als Toni Sailers Manager, und er tat dies nicht immer mit glücklicher Hand:

So versprach er etwa bei einer Kaufhauspräsentation, dass Toni auf einer Kunstschneepiste, die auf dem Dach des riesigen Kaufhauskomplexes angebracht worden war, herunterwedeln werde. Tausende Menschen hatten auf diese Ankündigung hin das Kaufhaus gestürmt, und als Sailer, der nur für einen Werbeauftritt engagiert worden war, ablehnte, tobte das Publikum vor Wut und Enttäuschung.

Noch größere Wellen schlug ein Fernsehskandal, hinter dem Watanabes rücksichtsloses Management stand. Sailer war mit bekannten japanischen Sängern zu einer großen Fernsehshow eingeladen worden. Im Vorfeld dieser Show hatte er den TV-Verantwortlichen erklärt, er habe seine Liedeinspielungen im Studio gemacht und werde sicherlich nicht live singen. Watanabe dürfte aber vor Sendungsbeginn dem TV-Regisseur gesagt haben, man solle Toni überraschen, dann werde er schon singen. Und so drückte der Moderator dem überraschten Star plötzlich ein Mikro in die Hand und forderte ihn auf zu singen. Toni reagierte gelassen, er legte das Mikro weg und verließ wortlos das Studio.

Waren diese Vorfälle höchstens dazu angetan, bei Publikum und Kritik vorübergehende Irritationen auszulösen, so geriet Toni Sailer in einer anderen Sache allerdings ernstlich in Schwierigkeiten:

Man hatte für ihn nur ein Touristenvisum für 180 Tage gelöst, und dies gestattete ihm nicht, in Japan Geld zu verdienen. Da aber tagtäglich alle Zeitungen von Tonis Fernsehauftritten, Werbeveranstaltungen, Autogrammstunden und Vorträgen berichteten, entstand bald der Verdacht auf Schwarzgeld, Steuerbetrug und Verletzung des Devisengesetzes, sodass Toni Probleme mit den japanischen Behörden bekam.

Dazu Roland Domenig: »Ich glaube nicht, dass Toni wirklich genau wusste, was da passierte. Er hatte dem Manager vertraut und nebenbei ein riesiges Arbeitspensum absolviert. Natürlich gab es für alle seine Auftritte Geld, das wurde aber nicht ihm, sondern dem Management bezahlt. Was davon Toni Sailer wirklich gesehen hat … ich weiß es nicht!«

Schließlich und endlich glaubten die Behörden dann doch an ein Missverständnis und regelten die Sache sehr schnell, indem sie ausnahmsweise einer Änderung des Visumstatus zustimmten. Das Justizministerium erteilte eine Sonderbewilligung, die Toni Sailer gestattete, in Japan Geld zu verdienen.

Sailers Popularität taten diese Negativschlagzeilen letztlich keinen Abbruch. Als er bei der japanischen Fremdenpolizei auftauchte, um sich endlich ein richtiges Arbeitsvisum ausstellen zu lassen, löste er dort eine Massenhysterie aus: »Alle weiblichen Angestellten des japanischen Einwanderungsamtes drängten aus ihren Büros, um einen Blick oder gar ein Autogramm des derzeit prominentesten und beliebtesten Mannes in Japan zu erhaschen«, schreibt die APA am 29. Januar 1960.

Und so viel Erfolg blieb auch in Österreich nicht ohne Resonanz, wenn auch wichtige Wirtschaftsexperten nicht erkannten, was für gewaltigen PR-Nutzen die Person Toni Sailer bedeutete. Der beste Beweis dafür ist eine Episode mit dem damaligen mächtigen Präsidenten der Wirtschaftskammer Österreich, Rudolf Sallinger, die Toni Sailer mit leiser Ironie schilderte:

»Mich rief Rudi Sallingers Sekretär an, um zu fragen, wann ich das nächste Mal in Wien sei, der Präsident hätte etwas Wichtiges mit mir zu bereden.

Vereinbarungsgemäß suchte ich Herrn Sallinger bei meinem nächsten Wien-Besuch auf und erfuhr, dass Anfang Oktober eine größere Vertragssache in Japan vor dem Abschluss stand. Da ich in Japan sehr populär sei, hätte er mich gerne mit dabei.

Ich erklärte mich bereit und merkte mir den Termin vor.

Ende August erhielt ich wieder einen Anruf von der

Bundeswirtschaftskammer: Meine Japanreise sei überflüssig, es hätte sich nun anders ergeben.

Ich bedankte mich für die Information.

Drei Tage später rief mich der Sekretär von Herrn Suzumi, Rudolf Sallingers japanischem Verhandlungspartner, an. Suzumi war einmal einer der reichsten, wenn nicht der reichste Mann der Welt. Ihm gehörte eine Hotelkette, 38 Golfplätze, 32 Skiressorts, Warenhäuser, eine Fußballmannschaft, Baseballliga und was weiß ich noch.

›Herr Sailer, ist es richtig, dass Sie nicht mit Herrn Sallinger nach Japan reisen?‹, fragte der Sekretär.

Ich antwortete, man habe mir mitgeteilt, es sei nicht nötig. Darauf der Sekretär: ›Dann bekommt Herr Sallinger auch keinen Termin.‹

Wieder drei Tage danach ein Anruf aus Wien: ›Herr Sailer, es hat sich etwas geändert.‹

Ich: ›Aber jetzt habe ich keine Zeit mehr dafür.‹

Er: ›Das können Sie nicht tun! Herr Sallinger hat persönlich alles in die Wege geleitet.‹

Ich: ›Das tut mir sehr leid, aber ich kann nicht einmal ja und einmal nein sagen. Ich bin jetzt schon anderweitig … Eine Japanreise geht sich nicht aus.‹

Er: ›Das geht nicht! Nein, bitte, Herr Sailer! Darf Sie der Präsident persönlich anrufen?‹

Zwei Tage später ist Rudolf Sallinger am Telefon: ›Servus, Toni, wie geht's dir? Ich hab gehört, die haben da einen Scheiß gebaut mit den Terminen. Kein Mensch hat gesagt, dass du nicht mitfahren sollst. Davon war nie die Rede!‹

Ich lenkte ein: ›Weil du es bist, und weil du viel für den Skisport tust.‹

Am nächsten Tag der Anruf aus Tokio: ›Herr Sailer, Sie reisen also mit dem Herrn Sallinger. Gut, dass wir das wissen. Dann bekommt der Herr Sallinger den gewünschten Termin.‹«

Es folgt noch ein österreichischer Nachtrag zu dieser Geschichte: Zwei Tage später startet nämlich ein kleinlicher Versuch, Toni Sailers Reisespesen zu senken:

»Eine Sekretärin der Wirtschaftskammer ruft an und fragt: ›Herr Sailer, wann möchten Sie fliegen?‹

Ich: ›Wann ist der Besprechungstermin?‹

Die Sekretärin: ›Mittwoch ist das Essen.‹

Darauf ich: ›Mir reicht es, wenn wir am Dienstag hinfliegen und am besten dann am Mittwoch wieder zurück.‹

Wenig später nannte sie mir die Flugdaten.

Ich: ›Was haben Sie denn gebucht?‹

Sie: ›Lufthansa.‹

Ich: ›Das ist gut, welche Klasse?‹

Sie: ›Welche Klasse? Normale Klasse.‹

Ich: ›Was verstehen Sie unter normaler Klasse?‹

Sie: ›Ja, Touristenklasse.‹

Ich: ›Aha. Eine Frage noch: Welche Klasse fliegt der Herr Präsident Sallinger?‹

Sie: ›Der Herr Präsident fliegt natürlich Erste Klasse!‹

Ich: ›Was glauben Sie, was dann ich fliege?‹«

Der Termin mit Suzumi verlief schlussendlich ohne weitere Komplikationen und für die beiderseitigen Geschäftsverbindungen positiv:

»In meinem Beisein sagte Suzumi zu Sallinger: ›Es gäbe noch so viele Möglichkeiten, miteinander Geschäfte zu machen. Ihr habt doch so guten Wein in Österreich, aber wir können ihn hier nicht verkaufen, weil ihr – was den Wein betrifft – überhaupt kein Marketingkonzept habt. Die Japaner, die jetzt Österreich durch Toni Sailer kennen, haben keine Ahnung, dass dieses Land mit seinen herrlichen, schneebedeckten Bergen auch ein wunderbares Weinland ist. Mister Sallinger, Sie müssen einen Toni-Sailer-Wein machen, einen Toni-Sailer-Riesling oder eine

Toni-Sailer-Spätlese, ich würde Ihnen sofort ein paar hunderttausend Flaschen abkaufen.‹

Sallinger nickte und meinte: ›Das ist eine gute Idee!‹ … Dann kümmerte er sich nie wieder um die Sailer-Weine! Sein Projekt hatte er ja durchgebracht. Am nächsten Tag brachte mich natürlich auch niemand zum Flughafen. Der Mohr hatte seine Schuldigkeit getan.«

Vom »König« zurück zum Schauspielschüler

»Ginrei no ôja«, so lautete der japanische Titel des Films, den Toni Sailer nun drehte: »König der silbernen Berge«. Ein Sport- und Eifersuchtsdrama, dem das Publikum entgegenfieberte, das dann aber nicht den ganz großen Triumph brachte wie der »Schwarze Blitz«. Der Film war zunächst durchaus bejubelt worden, aber an den Kinokassen, wo über jedes Werk kein künstlerisches, sondern das finanzielle Urteil gesprochen wird, lag der »König der silbernen Berge« hinter den bisherigen Skifilmen Tonis zurück. Und dies obwohl der Streifen massiv beworben wurde und sich sogar das Kronprinzenpaar zur Premiere am 11. November 1960 einfand.

Zunächst lief alles wunschgemäß. Zusammen mit dem Kameramann Klaus von Rautenfeld hatte Toni Sailer geeignete Drehorte ausgesucht: »Wir flogen mit dem Hubschrauber die japanischen Alpen ab. Klaus von Rautenfeld hatte auch bei ›Der schwarze Blitz‹ die Kamera gemacht. Er sollte die Außenaufnahmen drehen. Ich hatte mit ihm sehr gute Erfahrungen gemacht und wusste, was für Könner er war.«

Aber dann gerieten die Dreharbeiten immer wieder ins Stocken, weil es an einem klaren Konzept fehlte. Einerseits wollte man einen Sportlerfilm machen wie »Der Schwarze Blitz«, andererseits sollte das Ganze auch eine Beziehungsgeschichte mit allen Facetten eines Seelendramas sein. Zugrunde lag noch dazu ein Drehbuch mit einem – wie japanische Kritiker schrieben – etwas hanebüchenen Text.

Auch stellten sich Probleme mit der Besetzung der weiblichen Rollen ein. Die beste Figur als erste Hauptdarstellerin machte ein blutjunges Mädchen, die erst 14-jährige Wanifuchi Haruko. Ihr Vater war ein berühmter Geigensolist, ihre Mutter eine Österreicherin, sodass Haruko auch gut Deutsch sprach. Nach der zweiten Hauptdarstellerin musste jedoch lange gesucht werden. Die erste Schauspielerin bekam von ihrem Studio keine Genehmigung, die zweite brach sich am ersten Drehtag das Bein, und es verstrich eine geraume Weile, bis man endlich mit Koji Nambara die dritte Wahl getroffen hatte.

Abgesehen davon verzögerten Studiostreitigkeiten und Schlechtwetter die Dreharbeiten zusätzlich.

Die Rolle, die man Toni zugeteilt hatte, war die eines bereits zu hohen Olympiaehren gelangten Skirennläufers, der bei einer Skitour seinen besten Freund durch einen Lawinenabgang verliert. Er flieht, gequält von Schuldgefühlen, dass er seinen Freund nicht gerettet hat, mit einem Transportschiff nach Japan und wird dort, völlig unerkannt, am Berg Zao Skilehrer. Durch eine Frau, die fließend Deutsch spricht und als Dolmetscherin fungiert, lernt er die Dorflehrerin kennen und verliebt sich in sie. Der eifersüchtige Freund der Dolmetscherin aber glaubt, seine Freundin habe es selbst auf Toni abgesehen. Er bricht zu einer lebensgefährlichen Skitour auf, bei der es prompt zu einem Unglück kommt, aus dem ihn schließlich Toni rettet … Happy End.

Ein liebenswürdiges Detail erscheint an dieser Stelle erwähnenswert: »Die Japaner gaben mir einen sehr berühmten Namen. Ich nenne mich im Film, obwohl ich ursprünglich während der Szenen, die in Österreich spielen, Toni Schneider hieß, später in Japan – Toni Beethoven.«

Für die Arbeit an diesem Film war Toni Sailer sechseinhalb Monate in Japan: »Ich konnte Japanisch schon sehr gut verstehen, aber um meine Texte im Film auch selbst sprechen zu können, reichte es noch bei weitem nicht. Dieser Matrose auf dem Schiff ließ sich nämlich laut Drehbuch zuerst das Deutsche ins Japanische übersetzen. Je länger er aber in Japan war, desto besser beherrschte er auch das Japanische und konnte sich in der Landessprache verständigen.

Schließlich musste ich auch im Film meinen Text dann auf Japanisch sagen. Dabei kam es nicht selten zu unfreiwillig komischen Situationen: Etwa als ich zu dem Mädchen, in das ich mich verliebt hatte, sagen sollte: ›Ich liebe dich!‹

Ich pflaumte mich wie ein zärtlicher Liebhaber vor ihr auf und sagte vor allen Schauspielkollegen und Technikern mit besonders hingebungsvoller Stimme: ›Ich bin tot!‹ Es gab ein lautes Gebrüll und Gelächter, und ich setzte gleich auf Japanisch hinzu: ›Es tut mir leid, aber ich spreche nicht sehr gut Japanisch.‹

Insgesamt waren für mich die Filmarbeiten in Japan sehr interessant, im Studio in Tokio ebenso wie vor dem Kaiserpalast. Zwischendurch kam es immer wieder zu Problemen, denn der Japaner nimmt grundsätzlich einmal einen bestimmten Standpunkt ein und lässt sich nicht gerne korrigieren. Dadurch könnte er nämlich vor seinem Gegenüber das Gesicht verlieren. Ich erinnere mich an eine Szene, in der ich, angetan mit einem Tiroler Janker, in Tokio vor dem Kaiserpalast meine Liebste treffe. Im Drehbuch stand die Anmerkung: ›…, die in moderner westlicher Kleidung daherkommt.‹ Ich meinte: ›Das gefällt mir nicht, das ist unmöglich, das geht nicht, denn wenn der Film nach Europa, nach Österreich kommt, und das Mädchen ist westlich gekleidet, fehlt der Reiz. Ich komme im Tiroler Gewand, und daher möchte ich sie lieber in einem Kimono sehen.‹ ›Die Frauen hier ziehen am Sonntag keinen Kimono an!‹, sagte der Regisseur. Ich entgegnete: ›Ich habe selbst gesehen, dass Frauen am Sonntag vor dem Kaiserpalast im Kimono herumspazierten.‹

Es vergeht ein Tag, nichts, ein zweiter Tag, wieder nichts, ein dritter Tag, am vierten Tag sagte ich mir dann: ›So geht das nicht!‹ Wir steckten heillos fest, nur weil Bansho Yoshiaki behauptete, die Mädchen wollten keinen Kimono anziehen. Ich versuchte es also anders herum: ›Sagten Sie nicht, dass das Mädchen unter Umständen einen Kimono tragen könnte? Das sagten Sie doch, oder? Grundsätzlich habe ich nichts gegen westliche Kleidung, sie ist sehr hübsch, aber einen Kimono kann ich mir auch gut vorstellen.‹ Prompt kam zurück: ›You like Kimono?‹ Und plötzlich war der Kimono da. Seither gibt es für mich die japanische Art, etwas zu bekommen, indem ich nämlich etwas nicht verlange, sondern es dem anderen in den Mund lege. Der andere weiß, dass er das nie gesagt hat, aber er gibt nach. Auch der Regisseur damals wollte nur nicht zugeben, dass mein Vorschlag besser war als der seine.

Weitere Schwierigkeiten bereitete mir das japanische Essen. Heute würde ich überall hinfahren, um etwa Sushi zu essen, und auch in Wien esse ich gern in japanischen Restaurants. Aber damals gab ich nicht sehr viel darauf. Vor allem nicht auf Reisknödel. Die sind mir immer hochgekommen. Daher fuhr ich jeden Samstagabend, denn Sonntag war meistens drehfrei, vier Stunden mit dem Zug von Yamagata nach Tokio. Dort kannte ich nämlich einen deutschen Delikatessenladen, der auch Imbisse anbot. Ich deckte mich mit Schwarzbrot, Butter, Salami, Speck oder Schinken und sogar Schnitzel ein und fuhr am nächsten

Morgen wieder mit dem Zug vier Stunden nach Yamagata zurück.«

Zur selben Zeit, als Toni Sailer in Yamagata »Der König der silbernen Berge« drehte und in der Rolle des Toni Beethoven in Eifersuchtstragödien verwickelt war, fanden in Squaw Valley die 8. Olympischen Winterspiele statt.

Zwei Kitzbühler, Ernstl Hinterseer und Hias Leitner, holten Slalom-Gold und -Silber für Österreich, und im fernen Japan unternahm ihr einstiger Rennfahrerkollege beträchtliche Anstrengungen, um den Verlauf der Spiele mit verfolgen zu können:

»In Yamagata gab es nur japanische Zeitungen. Aber schlauer Fuchs, der wie ich war, suchte ich mir aus einem Wörterbuch das Zeichen für Österreich. Dann schaute ich, wo ich dieses Zeichen entdeckte, und prüfte die Zeiten daneben, die natürlich in Ziffern erschienen. Die Zeiten ordnete ich den verschiedenen Disziplinen zu. Bei 1:58 wusste ich, das konnte nur die Herrenabfahrt sein, weil die dauert ca. zwei Minuten. Dadurch, dass ich meinen Namen schreiben konnte, beherrschte ich verschiedene Silben, mit deren Hilfe ich auch andere Namen irgendwie konstruieren konnte. Als ich Bewerb und Zeit herausgefunden hatte, überlegte ich mir, welcher Österreicher dafür in Frage kommen könnte. So fand ich die Resultate heraus. Es war nichts anderes als ein kompliziertes Kreuzworträtsel.«

Bald nach Squaw Valley endete auch Toni Sailers Japan-Aufenthalt für dieses Mal. Seine Rückkehr nach Europa war allerdings nicht bloß ein Wechsel der Kontinente, sondern er tauschte den Status des Superstars in Japan mit demjenigen eines Schauspielschülers in Berlin.

»Beim Film ›Zwölf Mädchen und ein Mann‹ hatten einige meiner jungen Filmpartnerinnen in einer Berliner Schauspielschule von Frau Bongers gelernt, die schon in den Dreißigerjahren Chefausbildnerin der UFA war und die Talente mit ihrer großen Routine langsam an diesen großartigen Beruf heranführte. Die intensive Grundausbildung, die mich auch im Sport groß gemacht hatte, fehlte mir in der Schauspielerei, und ich wollte einfach ein solides Fundament schaffen. Nach fünf Filmen sagte ich mir: Entweder ich lerne diesen Beruf richtig, oder ich lasse die Schauspielerei bleiben.«

So begab sich Toni Sailer nach Berlin und blieb dort zehn harte Jahre, um ein richtiger Schauspieler zu werden.

»Ich nahm mir Frau Bongers als Privatlehrerin und Toni Mackeben als meine Managerin. Zuerst lebte ich in dem gleichen Haus, in dem auch Frau Bongers wohnte. Es gehörte einem Schauspieler, der irgendwo anders Theater spielte. Er vermietete mir den oberen Stock.

Ich verbrachte meine Zeit mit Rollenstudium, den Vorbereitungen für Filme, der Besprechung von Drehbüchern und einzelner Szenen. Vor allem musste ich an meiner Sprache arbeiten, denn gerade bei längeren Textpassagen machte sich immer wieder mein Tiroler Dialekt bemerkbar.«

Daneben standen Reit-, Tanz- und Fechtunterricht auf dem Stundenplan. Oft besuchte er das Theater und filterte aus großen Aufführungen das heraus, was er für sich brauchen konnte.

Aus Publicity-Gründen reiste er zu fast allen Bambiverleihungen, lernte Weltstars wie Errol Flynn und Maria Schell kennen, büffelte dazwischen Texte für neue Rollen und sprach bei verschiedenen Regisseuren vor:

»Unter einem ganz großen Regisseur, Wolfgang Liebeneiner, spielte ich in der TV-Komödie ›Liebeshändel in Chiogga‹ einen italienischen Melonenverkäufer mit langen schwarzen Haaren. Damals stand für reines Schauspiel weniger Geld zur Verfügung, also wurde alles mit Musik untermalt, und man dichtete dann Texte dazu. Da es nur die Technik der Stahlbandmagnetaufnahme gab, musste man bis zur Pause in einem Stück durchspielen. Heute kann man sich beim Theater immer irgendwie durchwurschteln, es ist eine Souffleuse da, entweder hinter dem Vorhang oder im Soufflierkasten. Aber bei diesen Metallbandaufzeichnungen ging es los mit den Titeln, die auch original live eingespielt werden mussten, und lief weiter bis zum Auftritt und bis zum Abtritt. Eineinviertel Stunden lang musste durchgespielt werden. Wenn einer einen Hänger hatte, dann hieß es, zurück zum Anfang. Für mich war das wirklich aufregend.

Im Jahr 1961 drehte ich ›Ein Stern fällt vom Himmel‹, mit Ina Bauer, Susi Nicoletti und Gunther Philipp als Schauspielpartner und dem Regisseur Geza von Cziffra, sowie den Eisrevuefilm ›Kauf dir einen bunten Luftballon!‹ mit einer großen Schauspielerriege, angeführt von Ina Bauer, Paul Hörbiger und Heinz Erhardt. In ›Kauf dir einen bunten Luftballon‹ musste ich einen ungarischen Oberst mit Pelzmütze auf Schlittschuhen darstellen und unter anderem in einem weißen Smoking ein Eistanzsolo hinlegen. Obwohl ich seit meiner Kinderzeit Eishockey spielte, stürzte ich bei meinen Versuchen, eine halbwegs elegante Kür zu laufen, immer wieder, sodass ich schon ganz dick geschwollene Knie hatte. Ich biss die Zähne zusammen und fuhr weiter, denn wenn ich schon als Schauspieler freiwillig auf die Schulbank zurückgekehrt war, wollte ich mir doch meinen Ruf als Supersportler, der kein Double brauchte, nicht ruinieren.

Meine 19-jährige Partnerin Ina Bauer hatte da ganz andere Probleme. Ina war eine der besten Kürläuferinnen der Welt, dreimal deutsche Meisterin, aber sie hatte vor ihrer Filmkarriere nur für den Sport gelebt und noch nie einen Mann geküsst. Bei einer Kuss-Szene mit mir kniff sie vor

Anspannung ihre Augen so stark zusammen, dass sich ihr hübsches junges Gesicht in komische Falten legte und wir die Szene 14-mal wiederholen mussten. Mag sein, dass Ina Bauer nach diesem Film perfekt küssen konnte, aber ich war heilfroh, dass ich mich nie mehr in meinem Leben als Eiskunstläufer würde versuchen müssen.«

Zwei weitere Filme folgten im Jahr 1962: »Sein bester Freund«, mit Luis Trenker als Regisseur, und »Auf Wiedersehen am blauen Meer«. Schließlich kam es zu den Theaterengagements in der Schweiz, die Toni als Höhepunkt seiner schauspielerischen Karriere sieht.

1962 spielte er im Stadttheater Luzern in Arthur Millers bürgerlichem Drama »Tod eines Handlungsreisenden« die Rolle des verkommenen Lieblingssohnes des Handlungsreisenden, Biff, die einem Spieler große emotionelle Ausbrüche abverlangt.

Als Toni Sailer von diesem Engagement berichtete, schöpfte er tief Luft, lehnte sich konzentriert zurück, und jedes Tiroler Timbre wich aus seiner Stimme: »Willy Loman, ein Handelsreisender, ein Vertreter also, ist 63 Jahre alt, als das Schicksal schonungslos über ihn hereinbricht. Er hat sein ganzes Leben lang gerackert und 30 Jahre lang seiner Firma viel Erfolg gebracht. Jetzt ist er ausgelaugt, erfolglos und wird gefeuert. Sein Lieblingssohn Biff, den ich spielen durfte, konnte ihm nie verzeihen, dass er seine Mutter betrogen hatte. Am Ende kommt es zu einer großen Aussprache zwischen Vater und Sohn. Willy Loman erkennt, dass sein missratener Sohn ihn wirklich liebt … und nun weiß er, der Vater, dass für ihn die Zeit des Abtretens gekommen ist. 20.000 Dollar beträgt seine Lebensversicherungs-Summe. Loman rast mit seinem alten Auto in den Tod, um seine Familie vor dem Bankrott zu retten.

Abbildung 30: *Als den Höhepunkt seiner schauspielerischen Leistungen bezeichnete Toni Sailer immer wieder seinen Auftritt als Biff im Arthur-Miller-Stück »Der Tod eines Handlungsreisenden« im Stadttheater von Luzern. Hier mit Arnold Putz als Willy Loman (Foto Hans Blättler/Luzerner Theater)*

Die traurige Grundaussage dieses traurigen Stückes lautet: Erst wenn ich tot bin, bin ich etwas wert!

Die Rolle des Biff, des faulen, präpotenten Sohnes, eines beruflichen Versagers, der schließlich nach einer Beichte vor seinem Vater weinend zusammenbricht, war wahrscheinlich die wichtigste Rolle meines Lebens. Hier konnte ich zeigen, dass man mit harter Arbeit an sich und seinen Talenten auch schauspielerisch etwas erreichen kann.«

Am 11. Oktober 1962 ging die umjubelte Prämiere über die Bühne: »Viele Schauspielkollegen hatte die Neugier nach Luzern getrieben. Sie umarmten mich nach dem Schlussapplaus und gratulierten mir aus ganzem Herzen. Auch meine Lehrerin war glücklich. Die meiste Freude bereitete mir jedoch ein Zürcher Kritiker, vor dem mich alle schon gewarnt hatten. Dieser schrieb damals: ›Ich ging hin, um Toni Sailer im *Tod eines Handlungsreisenden* zu sehen. Nach zwei Minuten vergaß ich alles und sah nur noch das Stück.‹ Er hatte darauf gewartet, den ehemalige Skifahrer Sailer zu sehen, wie der auf der Theaterbühne ohne Skier dilettierte. Aber den sah er nicht, er sah nur den Biff!

Als am 18. Mai 1963 nach 15 erfolgreichen Vorstellungen der letzte Vorhang nach dem ›Tod des Handlungsreisenden‹ fiel, wusste ich, dass meine Entscheidung, Schauspieler zu werden, richtig gewesen war. Mit diesem Stück von Arthur Miller wurde ich richtig theatersüchtig. Beim Theater musste ich mich bei jedem Auftritt bewähren, das hatte fast eine sportliche Note.

1963 spielte ich in dem Zweipersonenstück ›Wolken sind überall‹. Damit gingen wir in der Schweiz auf Tournee. Ob ich nun im Schauspielhaus von Luzern vor fast 1000 Zuschauern spielte oder in einer kleinen Halle mit einer Bühne, vor der nur 100 Leute saßen, war mir egal. Hauptsache, ich konnte sie emotionell berühren.«

Nun aber meldete sich plötzlich wieder seine alte Liebe, der Skisport, zurück und forderte ihren Tribut: »Ich begann mich für Skierzeugung zu interessieren und kam mit dem

Abbildung 31: *In der Komödie »Wolken sind überall« von F. Hugh Herbert, mit Christiane Hammacher als Patty O'Neill (Foto Hans Blättler/Luzerner Theater)*

Ski ›Toni Sailer‹ auf den Markt. Ich hätte, vor allem am Theater, noch sehr gerne weitergespielt. Aber durch meine Skiproduktion war es für mich unmöglich geworden. Die Investitionen waren sehr groß, und der Skiverkauf erfolgt zwischen September und April, genau zur selben Zeit läuft auch die Theatersaison. Ich konnte nun meinem Produktionsteam natürlich nicht einfach sagen: ›Verkauft's nur, ich spiel jetzt Theater!‹ und die Leute sich selbst überlassen.«

So nahm Toni Sailer Abschied von der Schauspielerei, um sich dem Unternehmertum zu widmen. Aber ganz konnte er die Schauspiel-Leidenschaft nie aus seinem Leben verbannen.

»Meine letzten Filme drehte ich 2002 mit Hansi Hinterseer: ›Da, wo die Berge sind‹ und ›Da, wo die Liebe wohnt‹. Es folgten verschiedene TV-Serien, in denen ich als Gast auftrat: SOKO Kitzbühel, 13 Folgen von ›Die Leute von St. Benedikt‹ mit Barbara Wussow und Albert Fortell oder ›Volle Kanne, Susanne‹.

Sehr gerne hätte ich auch einmal in einem Musical mitgespielt. Und fast wäre es auch geglückt, denn nach einem gelungenen Vorsingen hätte man mir die Rolle des jungen Liebhabers in ›My Fair Lady‹ angeboten, aber Toni Mackeben hatte Kurt Ulrich die Option für einen Film gegeben. Das tut mir heute noch leid! Schauspiel und Musik sind mir einfach ein Herzensbedürfnis. Ich liebe Musik. Ich habe alle möglichen Instrumente gelernt. Geige zunächst, dann Trompete und Harmonika. Früher hat man, wenn man zum Skirennen fuhr, als Mannschaft gesungen. In jedem Wirtshaus hing eine Gitarre. Entweder spielte man Karten – beispielsweise Watten, das man in Tirol spielt – oder Tarock, oder man sang.

Auch mein Vater spielte drei Instrumente, Fagott, Saxophon und Klarinette.«

Ein Mitglied der Wiener Philharmoniker, Rudolf Jettel, der regelmäßig seinen Urlaub in Kitzbühel verbrachte, freundete sich mit Anton Sailer sen. an und lud ihn und seine Frau in die Wiener Staatsoper ein. »Es wurde ein wunderschöner Abend, wenn auch zeitweilig für meinen Vater extrem stressig«, lachte Toni und erzählte: »Als die beiden in Wien vor der Oper vorfuhren, gab's natürlich keinen Parkplatz. Aber ein Polizist, der den Vater aus Wochenschauberichten und Zeitungsbildern kannte, winkte jovial: ›Komm her, Sailer-Vater, hier kannst du parken!‹ Nächstes Problem: Die Mutter war elegant gekleidet, Vater aber hatte sein Sacko in Kitzbühel vergessen. Jettel, der allerdings eineinhalb Köpfe kleiner war, lieh ihm das seine. Der Vater sah darin aus wie in einer Zwangsjacke, mit Ärmeln, die bei den Ellenbogen endeten.

Das Schöne an ihrem Logenplatz war für meinen Vater, dass er über dem Orchestergraben saß und die Musiker genau beobachten konnte. Die Mutter interessierte sich eher dafür, was auf der Bühne geschah. In der Pause gingen sie auf ein Glas Sekt, und mein Vater, der sich vor der Loge zu verstecken suchte, damit man seine unangemessene Adjustierung nicht sah, traf zufällig den Primgeiger, der ihn von der engen Jettel-Jacke befreite und ihm sein Jackett lieh.

Nach Ende der Pause wurde es wieder dunkel, der Dirigent trat ans Pult … aber das Orchester begann nicht zu spielen. Dafür setzte zwischen dem Orchestergraben und der Loge meiner Eltern ein reger Dialog mit Handzeichen ein. Der erste Geiger deutete immer wieder hektisch hinauf zum Vater, der deutete freundlich zurück: ›Alles herrlich, wir sehen wunderbar!‹ Aber der Musiker hörte nicht auf mit dem Gestikulieren. Bis der Vater endlich begriff, dass im Sacko des Primgeigers dessen Brille steckte, ohne die er nicht eine Note lesen konnte. Mit einem kühnen Wurf beförderte Vater die Brille in den Orchestergraben, und die Oper konnte fortgesetzt werden.«

Toni Sailer war ein sportlicher Gigant und eine herausragende Persönlichkeit, die in ihrem Leben viele unglaubliche Facetten aufblitzen ließ. Es wäre falsch, ihn in seinen einzelnen Wirkungsbereichen absolut zu beurteilen. Man wird ihm vermutlich nur gerecht, wenn man ihn als eine Art Gesamtkunstwerk betrachtet.

»Blaue Flecken auf der Seele«

Als technischer Direktor des Österreichischen Skiverbandes, eine Position, die er von Mai 1972 bis April 1976 innehatte, geriet Toni Sailer schließlich wieder ins Fadenkreuz der Medien. Plötzlich wurde aus dem ehemaligen Liebling der Nation ein Mann, der nur zu gern einen über den Durst trank, der in Polen eine Prostituierte vergewaltigt und das ÖSV-Team kaputt gemacht hätte, wie der STERN[5] berichtete.

Toni Sailer klagte die Illustrierte und gewann. Chefredakteur und Chefreporter wurden verurteilt. Aber der Makel blieb an ihm haften. »In Österreich ist die Kultur des Niedermachens ein weit verbreiteter Volkssport«, äußerte sich der Journalist Peter Pelinka[6] einmal bei anderer Gelegenheit. Der Beruf des Journalisten, dem ich selbst 40 Jahre lang mit Leidenschaft nachgegangen bin, vermag anscheinend ohne Superlative, sei es im Positiven oder im Negativen, nicht zu rüssieren.

Wie aber war es zu diesen Behauptungen in der Presse gekommen?

Am 5. Mai 1972 eröffneten die Schlagzeilen aller Tageszeitungen den österreichischen Sportfans: »Toni Sailer ist der neue Skichef!«

---

[5]STERN, Österreich-Ausgabe, 19. Februar 1976

[6]NEWS, 6. August 2009

In den vorangegangenen sechs Jahren hatte der hervorragende Skipraktiker und Intellektuelle Franz Hoppichler, der auch bei der Gründung des österreichischen Skipools entscheidend mitgewirkt hatte, diesen Posten bekleidet. Damit waren die Weichen in eine sichere wirtschaftliche Zukunft gestellt worden. Aber bei den Olympischen Spielen 1972 in Sapporo gab es keine Goldmedaille für Alpine Skifahrer, und Hoppichler zog sich zurück.

Vom dreifachen Olympiasieger Sailer erwartete man sich nun wahre Wunderdinge. Tatsächlich kam es zu einem sensationellen Saisonbeginn in Val d'Isère mit dem Abfahrts-Doppelsieg der beiden »Techniker« Tritscher und Zwilling. Bei der WM-Generalprobe in St. Moritz schaffte Werner Grissmann seinen ersten und einzigen Abfahrtssieg vor Sepp Walcher, Franz Klammer und David Zwilling, der ein Jahr darauf Weltmeister wurde.

»Werner Grissmann war ein Meister des direkten Fahrens«, erinnerte sich Toni Sailer. »Es ist mir immer noch ein Rätsel, wie dieser Teufel ums Eck gekommen ist. Er hat die Skier auf der engsten Stelle quer gestellt und ist dann einfach hinübergeschossen. Das war sensationell. Der Werner wäre ja überhaupt *der* Mann gewesen! Er war der schnellste Sprinter. Sprinten kann man nicht lernen. Das ist ein Talent, das bekommt man in die Wiege. Er ist allen um eine halbe Turnhallenlänge davongelaufen. Wenn es geheißen hat: ›Runterlaufen, nieder, Liegestütze und wieder zurück!‹, war der Grissmann schon unten, während die anderen erst bei der Hälfte angelangt waren. Er ist eine Zwischenbestzeit nach der anderen gefahren.

Bei der 70-Jahr-Feier im Skiklub Lienz saß ich bei den Eltern Grissmann, und während der Feierlichkeiten fragte ich: ›Der Werner, trainiert er denn fleißig?‹ Die Mutter schaut mich an, dann schaut sie den Papa an: ›Papa, trainiert der Werner fleißig?‹ Er: ›Wer, der Werner? Was soll der trainieren? Bei der Faulheit, was soll der trainieren?‹ Ich: ›Aber er bekommt doch jede Woche ein Programm.‹ Er, ganz erstaunt: ›Der Werner hat ein Programm?‹ Ich: ›Ja, damit er weiß, was er trainieren soll.‹ Er: ›Ein Programm? Der trainiert aber nicht.‹ Ich: ›Ja, aber was tut er denn?‹ Er: ›Er schläft bis elf, dann steht er auf und setzt sich zum Frühstück. Dann geht er hinauf, zieht sich das Sonntagsgewand an, und dann ist er dahin.‹«

Neben Werner Grissmann, Reinhard Trischer und David Zwilling mussten sich auch die österreichischen Ski-Damen keineswegs verstecken. Das Damen-Team brachte unter Heini Messner tolle Leistungen zustande: Annemarie Pröll gewann alle acht Rennen, und insgesamt errangen die ÖSV-Mädchen 21 von 24 Podestplätzen. Der Nationencup wurde den Franzosen abgenommen und dreimal erfolgreich verteidigt.

Was für ein Auftakt also! »Was für ein Tausendsassa, dieser Sailer, als Trainer genauso tüchtig wie als Skifahrer!«, mochte sich so mancher Sportfan gedacht haben.

Und wie es 1973 begonnen hatte, so ging es auch 1974 weiter: Bei der Weltmeisterschaft in St. Moritz gewann das Österreichische Skiteam drei Gold-, drei Silber- und zwei Bronzemedaillen.

Aber unvermittelt, am Ende der Saison, schien Toni Sailers Stern zu sinken: Im März 1974 ereignete sich in Zakopane, Polen, bei einem Weltcuprennen ein Zwischenfall, der in den Medien weite Kreise zog: Zwei dem Weltcup-Tross angehörige Jugoslawen hatten eine polnische Prostituierte in ihr Zimmer gebracht und Toni eingeladen mitzukommen. »Ich ging in den Raum mit«, erzählte Toni Sailer später einmal dem Journalisten Peter Kupfer, als der von den »schmerzenden blauen Flecken auf Tonis Seele«, die ihm noch lange zu schaffen machten, berichtete: »Ich fragte die Frau nach einer Weile, ob sie in mein Hotelzimmer mitkommen möchte. Als sie verneinte, verließ ich den Raum. Am nächsten Morgen wurde ich im Hotel von zwei Kriminalbeamten abgeholt. Mit Skischuhen und Überanzug musste ich die Reise zum Untersuchungsrichter antreten, der mich sieben Stunden lang verhörte. Die Polin hatte Anzeige erstattet, dass sie geschlagen, verletzt, gedemütigt und vergewaltigt worden wäre.«

In einer anderen Stellungnahme erwähnte er gegenüber dem Reporter der »Kronen Zeitung« Heinz Prüller: »Aus dem Befund des Gerichtsmediziners geht hervor, dass ich mit der 28-jährigen Polin Janina Sokolowska keinen sexuellen Kontakt hatte.«

In unseren Gesprächen berührte ich auch dieses Thema: »Jeder Mensch hat auch dunkle Seiten. Welches sind die deinen?«, begann ich zaghaft, denn ich wusste nicht, wie er die Frage aufnehmen würde. Aber Toni Sailer wich nicht aus, im Gegenteil, er antwortete, und es blitzte der Schalk in seinen Augen: »Was redest du so geschwollen daher? Sag doch einfach Zakopane!«

Als ich ihn verblüfft anstarrte, fügte er hinzu: »Sie haben halt einen Sündenbock gesucht!«

Der ÖSV-Spitzenfunktionär Leibetseder sprach damals sofort von einer glatten Erpressung. Die österreichische Botschaft in Warschau intervenierte und erlegte eine Kaution von 100.000 Schilling, um Toni Sailer (mit Pass) aus Polen loszueisen.

Aber die Unruhe in den Medien legte sich nicht. Auch in sportlicher Hinsicht hatte man Toni Sailer noch einiges anzukreiden. Da war etwa der Umstand, dass die beiden Ausnahme-Erscheinungen Annemarie Moser-Pröll und Franz Klammer, die zweifellos in Toni Sailers Umfeld groß geworden und von ihm entsprechend gefördert worden waren, alles dominierten, während das übrige Team immer mehr auseinanderbrach.

Abbildung 32: *Toni Sailer war jahrelang Österreichs großes Skiidol und brachte als Technischer Direktor des ÖSV mit Abfahrtstrainer Charly Kahr ein neues großes Sportidol hervor: den Abfahrts-Olympiasieger von Innsbruck 1976 Franz Klammer. (Foto Sündhofer)*

Aber Toni Sailer hatte sich nun einmal in der Abfahrt den Franz Klammer ausgesucht, und er setzte sich auch vehement für ihn ein:

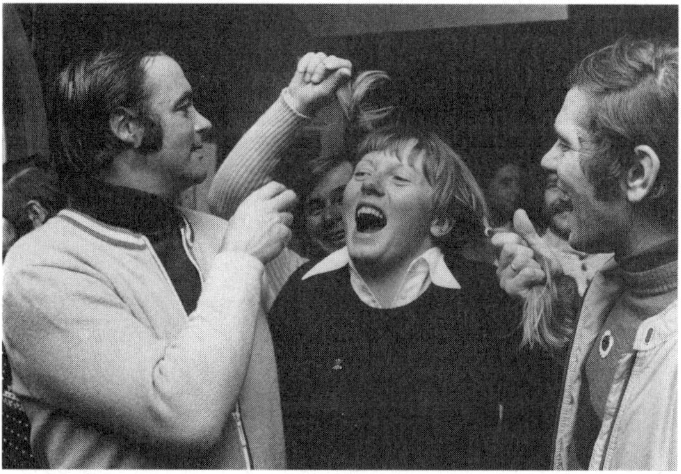

Abbildung 33: *Annemarie Moser-Pröll: Sie wurde zur weltbesten Skirennläuferin des 20. Jahrhunderts gewählt, erzielte unter der Leitung von Damentrainer Heini Messner Weltcup-Siege und die erste Goldmedaille in der Abfahrt der Weltmeisterschaft 1974 in St. Moritz. (Foto Sündhofer)*

»Wir hatten nur 14 Leute. ›Vierzehn Leute sind zu wenig‹, sagte ich zu Charly Kahr, ›wir brauchen 15, 16 Leute. Wenn du einverstanden bist, dann werde ich 16 bei der Sportkommission durchdrücken.‹ Einen 15. Ersatzfahrer hatten wir bereits festgelegt, es ging also um den 16. Dafür standen zwei Läufer zur Auswahl. Ein Salzburger und – Franz Klammer. Der eine war sieben Mal Zweiter und drei Mal Dritter gewesen und dazu noch Vierter und Fünfter. Franz Klammer wiederum war einige Male Zweiter und einmal Erster gewesen. Da sagte ich zu Charly: ›Zweiter werden ist leicht, aber einmal alle besiegen, das ist etwas anderes. Der 16. Mann ist Franz Klammer.‹ So war es dann auch.«

Demgegenüber gab es im Technikerbereich – Slalom

und Riesentorlauf –, so die Kritiker, keine Breite, und da schien auch kein Nachwuchs in Sicht.

Zu den journalistischen Querelen gesellten sich Unkenrufe aus Sportlerkreisen: Ernstl Hinterseer bezeichnete das Team als »Sauhaufen«. Karl Schranz donnerte vom Arlberg herunter: »Wenn ich kommen sollte, würde es ein Schlachtfeld geben!«

Im »Züricher Sport« schrieb Martin Maier von einem »sanften Abschied für Toni«, den man, von der Öffentlichkeit fast unbemerkt, allmählich in den Hintergrund drängte. Und wirklich hatte man ihn vom Direktor der gesamten Alpinen Mannschaft zum Coach des Männerteams herabgestuft.

Auch bei den Olympischen Spielen in Innsbruck 1976 lief es für das Team leider nicht ganz so gut: Die gewaltige Leistung Franz Klammers, der den Schweizer Olympiasieger des Jahres 1972, Bernhard Russi, besiegte und so die von ganz Österreich geforderte Abfahrts-Goldmedaille erkämpfte, verdeckte das Debakel des Herrenteams. Toni Sailer meinte dazu:

»Der Sieg von Franz Klammer hatte, wie das bei Siegen immer der Fall ist, mehrere Väter. Wäre der draufgängerische Kärntner dem Schweizer Bernhard Russi unterlegen, wäre wohl ich der einzige Schuldige gewesen.«

Natürlich war es in erster Linie Klammers Verdienst, hatte man doch – wie Bernhard Russi noch vor dem Rennen sagte – noch nie erlebt, dass ein Volk von einem Spitzenathleten den Sieg so kollektiv forderte wie Österreich von Franz Klammer. Neben Draufgängertum und großem Können war vor allem seine Nervenstärke bewundernswert. Zweifellos trug auch Abfahrtstrainer Charly Kahr viel zu diesem Triumph bei, aber bei all dem ist auch Toni Sailer ein Gutteil für Klammers Abfahrtssieg zu danken:

»Die Piste vom Patscherkofel war eine ins Tal ausge-

Abbildung 34: *Charly Kahr war ein sehr harter Herrenabfahrtstrainer, Toni Sailer verstand sich mit ihm gut, meinte jedoch: »Ich hatte nicht so eine rauen Umgangston mit den Athleten.« (Foto Votava)*

streckte Eiszunge, und sie wurde mit jedem Läufer rippiger, eisiger und gefährlicher. Klammer, mit der relativ hohen Startnummer 15, wäre bei seinem Draufgängertum nie ins Ziel gekommen. Ich holte Charly Kahr und sagte: ›Bei diesem Eislaufplatz kommt der Franz mit der Nummer 15 nie runter, wir müssen salzen, damit das Eis aufgeht. Aber wenn wir eine Salzstreuung verlangen, weiß die Jury, dass wir Bedenken haben. Sie würde es uns nicht gestatten.‹

Also entschloss ich mich, mit den Trainern der schwächeren Abfahrtsnationen zu reden: ›Das ist für eure Leute unter Umständen eine Todesfahrt‹, sagte ich, ›da kommt von ihnen keiner heil herunter. Geht zur Jury und verlangt, dass diese Eisflächen gesalzen werden. Wenn ihr dies fordert, werden sie es tun, bei uns würden sie es glatt ablehnen!‹«

Die angesprochenen Trainer beschwerten sich, und die Jury sagte das Salzen zu. Andernfalls wäre Franz Klammer vermutlich unter dem Steilhang im Netz gehangen, so aber kam er großartig kämpfend durch.

Hinter diesen Sieg von Franz Klammer fielen jedoch die Leistungen der anderen Läufer stark zurück. Im Riesentorlauf war Hansi Hinterseer mit Rang 14 der Beste, und im Slalombewerb gab es schon vor dem Start einen Skandal: Von den vier Startplätzen, die bei Olympia jedem Land zur Verfügung stehen, konnte die »Skigroßmacht Österreich« nur drei einigermaßen olympiataugliche Athleten auftreiben. Dass der 7. Platz von Alois Morgenstern belegt wurde, registrierte die Öffentlichkeit schlussendlich kaum mehr.

Wenig später, im April 1976, vertraute Toni dem bekannten Sport-Journalisten Wolfgang Winheim an: »Es waren verlorene, schmerzliche Jahre, die ich als technischer Direktor des ÖSV verbrachte! Ich bereue zutiefst, dass ich das Angebot 1972 angenommen habe.«

Plädoyer für einen bescheidenen Superstar

Dass die mediale Berichterstattung das Ihrige zur damaligen Demoralisierung beitrug, lässt sich kaum bestreiten. Dazu meinte Wolfgang Winheim: »Wir Journalisten passten uns den Erfordernissen gewisser Chefs oft kritiklos an. Und die Eingriffe gewisser Verantwortlicher sind heute noch viel größer und negativer. Wenn ein Journalist über einen Österreicher im Sport besonders positiv schreibt, dann erntet er oft harsche Kritik aus den eigenen Reihen. Du machst dich als Journalist viel beliebter und wirst mehr anerkannt, wenn du bei einem Superstar die negativen Seiten suchst, und sie auch findest.«

Winheim ist einer der besten Kenner der Ski-Szene seit fast 40 Jahren, und er hatte mit Toni Sailer seit dessen Zeit als Rennsportleiter in den Siebzigerjahren immer wieder Kontakt: »Ich war ein junger, unbekannter Journalist, aber er ließ mich keine Sekunde merken, er sei der Große, ich hingegen ein kleiner Schreiberling. Andere aus dem Westen Österreichs ließen mich sehr wohl spüren, dass ich ein ahnungsloser Wiener Depp bin, denn für die war jeder, der den Hahnenkamm nicht im Schuss hinunterfuhr, ein Armleuchter. Toni war nie arrogant, nie ausfällig, und auf dumme Fragen, wie sie bei jungen Journalisten manchmal vorkommen, gab er keine unangenehmen Antworten. Ich hatte immer das Gefühl, dass es bei Toni ›menschelt‹. Die ganz Großen unterscheiden sich von den ›nur‹ Großen dadurch, dass sie den kleinen Leuten – und dazu zähle ich die Journalisten – ihre Überlegenheit nicht spüren lassen.«

Auch für Annemarie Moser-Pröll, die 1999 zur besten Skifahrerin des vorigen Jahrhunderts gewählt worden war, war Toni – bei aller Trainingshärte – der menschlichste Trainer, den sie in ihrer langen Karriere hatte. »Für viele Trainer war ich eine sehr eigenwillige Person, mit der sie kaum zurechtkamen. Toni, der mein Talent richtig einzuschätzen verstand, ließ mich stundenlang zuschauen, wie meine Kolleginnen einen schwierigen Kurs bewältigen mussten. Ich begann oft erst, als sie alle schon abgezogen waren. Und da stand Toni mit mir alleine auf der Piste, bis es schon dunkel war, ließ mich zehnmal dieselbe Passage fahren, kritisierte meine Fehler und gab mir dabei wichtige Tipps. Er war damals mein väterlicher Freund und wurde später zu einem echten Lebensfreund.

Nach der Skikarriere wurde er begeisterte Jäger, und wir waren oft mit Freunden in Salzburg auf der Jagd. Von seiner Krankheit sprachen wir nie, es fiel mir nur auf, dass er bei unserer letzten gemeinsamen Hahnjagd große Schwierigkeiten beim Bergaufgehen hatte.

Den tiefsten Eindruck machte er auf mich in einem Telephonat am 8. Januar 2008. Damals war gerade mein Mann Herbert gestorben. Toni rief mich an, um zu kondolieren, und sagte dann: ›Heute feiert Sigi Bergmann seinen Siebziger. Du rufst ihn jetzt an und wünschst ihm alles Gute! Denn vergiss nicht, dein Leben geht weiter!‹

Erst später erfuhr ich, dass Toni zu diesem Zeitpunkt gerade in der Innsbrucker Klinik eine Chemotherapie-Infusion gegen seine Krebserkrankung erhielt. Mir das zu sagen, wenn er selbst gerade mit dem Tod rang, das zeigt von menschlicher Größe!«

Wie für Annemarie Moser-Pröll war Toni Sailer auch für Franz Klammer von Kindheitstagen an ein Leitbild: »Ich sah damals seinen Film ›König der Silbernen Berge‹, als er elegant über japanische Hänge wedelte, und dachte mir seit diesem Tag nur: Ein solcher Skifahrer möchte ich auch werden! Er war ab diesem Augenblick mein Idol. Und als dann dieses Idol von seinem Sockel stieg und mir freundlich als mein großer Chef die Hand gab, war ich wieder glücklich. Immer wieder bekam ich von ihm Tipps aus seinem riesigen Erfahrungsschatz. Was mir aber besonders imponierte, er blieb in allen Situationen ein Mensch!«

»Vielleicht war Toni als Trainer ja zu viel Mensch und als Skifahrer zu viel Genie«, sinniert Wolfgang Winhein, als ich mich während der letzten Tage der Arbeit an diesem Buch mit ihm treffe. »Wir kennen kaum ein Beispiel, dass ein großer Skirennläufer auch ein großer Trainer wurde. Die Wasserträger, die sich alles mühsam erarbeiten mussten, die Verteidiger, die Wadlbeißer, die haben normalerweise im Trainergeschäft mehr Erfolg als die Genies!«

Und was die Trinkfestigkeit von Trainern angeht, hat

Abbildung 35: *Als die Sendung »Sport am Montag«, die Sigi Bergmann jahrelang moderiert hatte, eingestellt wurde, gab der Jahrhundertsportler und Schauspieler Toni Sailer in der letzten Sendung, die aus Salzburg ausgestrahlt wurde, den Tod in einer Persiflage auf »Jedermann«. (Foto Sigi Bergmann)*

Winheim auch so seine Erfahrungen: »Man musste als Journalist schon eine gewisse Kondition in der ›dritten Halbzeit‹ haben, um gute Geschichten zu erfahren. Da hat die Recherche zugegebenermaßen oft erst nach Mitternacht begonnen. Aber das war nicht nur wegen Toni Sailer so! Ich behaupte, dass ich in fast 40 Jahren Ski-Berichterstattungen keinen einzigen Trainer, auch außerhalb Österreichs, erlebt habe, der nicht ganz gerne das eine oder andere Glas getrunken hätte.

Was ich bei Toni Sailer allerdings positiv empfand, war, dass er dabei nie unangenehm wurde wie einige seiner Kollegen, er blieb immer liebenswert. Ich bewunderte ihn auch aus einem anderen Grund: Die anderen, mit denen er am Vorabend gezecht hatte, waren am nächsten Morgen alle schwer k. o. Toni aber stieg um halb acht Uhr früh mit frischem Gesicht, völlig ungezeichnet, in die Gondel und fuhr zum Start hinauf. Manchmal durfte ich dann mit ihm mitfahren.«

In diesem Moment gerieten Wolfgang Winheim und ich über Toni Sailers Leistungen ins Schwärmen. Ich erzählte meinem Freund vom jüngsten »Toni-Sailer-Festival« in Japan, bei dem seine Filme wieder aufgeführt worden waren. Wir wussten damals nicht, dass fünf Tage später auch im Österreichischen Fernsehen zwei Toni-Sailer-Filme gezeigt werden sollten … *in memoriam.*

Genau zu der Zeit, als Wolfgang Winheim und ich in einem Wiener Espresso über seine Wundertaten redeten, schloss Toni Sailer in der Innsbrucker Universitätsklinik für immer die Augen.

»So nimm denn meine Hände ...«: Der Kreuzweg eines Olympioniken

Eigentlich verläuft das Leben des Toni Sailer über weite Strecken wie nach einem Opernlibretto: An einem Sonntag tritt er in die Welt, und sie empfängt ihn mit Glockengeläut und Musik. Die Szene bleibt weiterhin hell und freundlich, der junge Held bekommt, kaum hat er das Gehen gelernt, die ersten Ski – es sind die Bretter, mit denen er als Sportler unsterblich wird. Und auch auf den Brettern, die die Welt bedeuten, wie Friedrich Schiller die Bühne nennt, feiert er später Erfolge, als Schauspieler in Theater-, Film- und Fernsehrollen.

Die Triumphgefühle, die seine Skisiege auslösen, erfassen unzählige Menschen in Österreich, er wird geliebt und verehrt, aber der Opern-Kenner weiß, dass über jeden Helden Leid und bitterste Schicksalsschläge hereinbrechen werden.

Ein erstes Warnzeichen gibt es für Toni Sailer schon, als er 30 Jahre alt ist. Er muss sich in Ulm einer schweren Nierenoperation unterziehen, erholt sich nur langsam und erleidet während der Rekonvaleszenz eine Lungenembolie. »Toni Sailer schwebt in Lebensgefahr«, lautete eine

Schlagzeile damals. Lunge und Bronchien sind fortan auch seine Schwachstellen. Immer wieder kämpft er mit Atemproblemen, und nicht einmal muss eine dringende Operation deswegen verschoben werden.

Aber in Toni Sailers Lebensdrehbuch kommt im Finale noch eine weibliche Hauptrolle ins Spiel, Hedi Pichler, von Toni liebevoll »Wickerl« genannt, die nach dem Tod seiner ersten Frau Gaby wieder Glück in sein Leben bringt. Seit dem 28. Juli 2006 trägt sie den Namen Sailer, damals haben die beiden einander in Meran das Ja-Wort gegeben.

Hedi ist Sterbebegleiterin. Toni lernte sie kennen, als er, selbst schwerkrank, alleine und völlig verzweifelt eine Betreuungshilfe für seine todkranke Frau Gaby suchte.

»Ich durfte schon viele Schwerkranke in den Tod begleiten«, erzählt Hedi. »Wenn man jemanden begleitet, dann ist es egal, ob das ein ganz armer Mensch ist oder ein reicher. Das Sterben ist bei allen gleich. Da gibt es keine Größe mehr. Der Mensch kommt zurück auf die Ebene, auf der er geboren wird. Bei Toni war das Schicksal gnadenlos. Innerhalb von fünf Jahren erkrankte er an einem Gehirntumor und fünf verschiedenen Krebsgeschwüren.«

Angesichts dieser schweren Krankheiten erwachte in dem 70-jährigen Toni Sailer plötzlich wieder die Kämpfernatur. Wie ein Abfahrtsathlet, der sich bei hoher Geschwindigkeit mit ganzer Kraft gegen einen drohenden Sturz wehrt, kämpfte er gegen Sterbeszenarien, die plötzlich vor ihm auftauchten.

»Er war ein großartiger Mensch«, sagt Hedi über ihren Mann. »Als man ihm den baldigen Tod prognostizierte, lud er mich lächelnd zu einem guten Mittagessen ein, und als ich nach der dritten Krebsdiagnose völlig verzweifelt war und nur noch weinen konnte, war er es, der Schwerkranke, der mir Mut zusprach: ›Geh, Wickerl‹, meinte er, ›jetzt haben wir doch schon so viel geschafft, das schaffen wir auch noch!‹ Da erst verstand ich richtig, wie viel Kraft er besaß!«

Hedwig Margaretha Pichler stammt aus einer Großfamilie mit elf Kindern: »Ich bin in Großarl geboren und im Blümbachtal bei Tenneckwerfen aufgewachsen. Später kauften meine Eltern in Oberösterreich einen Vierkanthof, und wir zogen dorthin. Von meinen Geschwistern starben zwei früh, neun wuchsen heran, fünf Mädchen und vier Buben. Ich war eine von den Älteren. Da übernimmt man automatisch die Fürsorge für die Kleineren. Ich war schon von früh an sehr sozial, immer bemüht, Kinder zu behüten. Seit meinem achten Lebensjahr hatte ich kein Bett mehr für mich alleine, immer war so ein kleiner Pimpf bei mir. Daher wollte ich auch, sobald ich von zu Hause weg war, gleich eine Familie gründen. Mein erster Mann war zwanzig, als wir heirateten, ich war achtzehn. Mit achtzehn bekam ich auch mein erstes Kind, eine Tochter, dann kam noch eine Tochter und dann ein Sohn. Mehr Glück kann man nicht haben!«

Mit dieser Haltung war Hedi also schon in jungen Jahren für ihren späteren Beruf der »Altenpflege und Sterbebegleitung«, den sie schließlich in Abendkursen erlernte, gut gerüstet. Angst vor dem Tod oder davor, dem Sterben eines Menschen beizuwohnen, hatte sie nie. Sie glaubt fest an den Grundsatz, dass der Tod, in unserer Gesellschaft noch immer verdrängt, ein wichtiger Teil unseres Lebens ist.

Toni Sailer war Ende des Jahres 1999 tatsächlich in einer verzweifelten Lage. Er brauchte dringend eine Betreuung für seine schwerkranke Frau. Eine gemeinsame Bekannte hatte ihm Hedis Telefonnummer gegeben.

»Es war am Heiligen Abend 1999«, erinnert sich Hedi, »ungefähr drei Uhr am Nachmittag, da läutete mein Handy. Jemand sagte: ›Da ist der Toni, darf ich mit dir reden. Ich würde dich dringend brauchen für meine Frau.‹

Ich fragte: ›Wer ist am Telefon?‹ Er: ›Toni Sailer. Ich habe von einer Freundin die Nummer gekriegt. Könntest du zu uns kommen?‹ Ich antwortete: ›Ich kann nichts mehr übernehmen, ich habe schon jemandem zugesagt.‹« Hedi hatte damals bereits mit einer 82 Jahre alten Frau, die zwar nicht krank war, aber aufgrund ihres hohen Alters eine Hilfe haben wollte, vereinbart, dass sie zu ihr nach Salzburg kommen würde. Aber Toni gab nicht auf: »›Schau dir doch meine Frau einmal an! Schau sie dir nur an!‹, beharrte er. Schließlich willigte ich ein: ›Gut, ich komme einmal zu einem Gespräch zu euch.‹«

Als Hedi dann am 11. Januar 2000 nach Kitzbühel kam, bot sich ihr ein herzergreifender Anblick: »Ich hätte zuerst nicht sagen können, wer zu betreuen war, die Frau oder er selbst. So armselig sah er aus. Das war für mich das Zeichen, dass ich hier notwendig gebraucht wurde. Ich entschied mich dafür, die Pflege von Gaby Sailer zu übernehmen, und sagte der alten Frau in Salzburg ab.«

Toni Sailer war durch seine Bronchial- und Lungenprobleme gesundheitlich stark in Mitleidenschaft gezogen. Dazu kam, dass er praktisch keine Nacht mehr geschlafen hatte, weil ihn die kranke Frau rund um die Uhr beanspruchte: »Gaby Sailer litt unter einer schrecklichen Krankheit, einer Sonderform von Parkinson, für die es im Augenblick noch keine Heilung gibt. Sie heißt progressive supranukleäre Blickparese – Blicklähmung.« Dabei sterben die Basalganglien langsam ab, und die Verfallserscheinungen des todgeweihten Patienten nehmen ständig zu. Neben der Blicklähmung kommt es zu Gleichgewichtsstörungen und Schwierigkeiten beim Gehen, die Bewegungen werden verlangsamt, Artikulationsprobleme stellen sich ein, bis man nicht mehr sprechen kann: »Gaby konnte nur geradeaus schauen, und auch die Sprache war schon leicht beeinträchtigt. Beim Gehen hielt sie sich gebückt, sie sah aus wie eine hundertjährige Frau. Und dabei war sie Golfspielerin gewesen, eine Sportlerin durch und durch!«

Toni Sailer hatte seine erste Frau, die Rheinländerin Gaby Rummeny, auf dem Kitzbühler Golfplatz kennengelernt. Nachdem sie sich von ihrem damaligen Mann hatte scheiden lassen, heiratete sie Toni am 2. August 1976 in Vancouver. Sohn Florian war damals 18 Monate alt.

Am 18. Januar 2000 nahm Hedi ihren Dienst im Hause Sailer auf. Obwohl die Kranke Hedi bei ihrem Antrittsbesuch eine Woche zuvor noch spontan umarmt hatte, regte sich in ihr bald Eifersucht gegen die gesunde Frau, die nun in ihrem Haus schalten und walten konnte, während sie selbst zum Siechtum verurteilt war: »Mit dieser Eifersucht hatte ich bitter zu kämpfen. Aber ich lebe nach dem Motto: ›Wenn man die Liebe eines Menschen gewinnen will, dann kann man ihm nur mit Liebe begegnen.‹ Es dauerte drei Monate, bis ich sie umgestimmt hatte und sie sich vollkommen meiner Obhut anvertraute.«

Die Tage vergingen, und die Krankheit schritt unaufhaltsam voran: »Sie konnte nicht mehr selbstständig essen, sie konnte aber auch nicht sagen, dass sie Hunger hatte. Sie konnte ihre Bedürfnisse nicht mehr äußern. Drei Monate vor dem Tod konnte sie keinen Laut mehr von sich geben. Sie musste rund um die Uhr versorgt werden. Wir schafften ein Pflegebett an und stellten es quer hinter dem Ehebett auf, damit sie immer bei Toni im Zimmer liegen konnte. Wenn ich dann in der Früh zu ihr ans Bett kam und fragte: ›Wie geht es dir?‹, dann glänzte ihr Gesicht. Sie wurde von Tag zu Tag schöner, sie hatte eine Haut wie ein Pfirsich. Wir verwendeten jeden Tag eine Stunde für die Toilette, und wenn wir dann zum Frühstück kamen, empfing Toni sie mit den Worten: ›Meine Frau wird immer schöner! Ich verliebe mich jeden Tag mehr in dich.‹ Je kränker sie wurde, desto größer wurde seine Liebe zu ihr.«

Abbildung 36: *Am 2. August 1976 heiratete Toni Sailer die Rheinländerin Gaby Rummeny. Hier im Bild mit Sohn Florian (Foto Pia Duesmann)*

Hedi entlastete ihn von der tagtäglichen Sorge um Gabys Betreuung und bestärkte ihn darin, wieder seinen gewohnten Lebensrhythmus aufzunehmen. Währenddessen blieb sie im Haus, kümmerte sich um die Kranke und informierte ihn, wo immer er war, über ihren Zustand. Wie eng die Freundschaft zwischen den beiden Frauen schließlich wurde, zeigt eine Episode aus den letzten Lebenswochen Gabys. Sie fühlte, dass ihr nicht mehr viel Zeit blieb, und im Schatten des Todes suchten die beiden Frauen gemeinsam das Kleid aus, das Gaby bei ihrer Aufbahrung tragen wollte. Hedi zeigte der Kranken ein Kleid nach dem anderen, und Gaby nickte, wenn es ihr gefiel, oder versuchte den Kopf zu schütteln, wenn es ihr nicht zusagte, denn sprechen konnte sie ja zu diesem Zeitpunkt nicht mehr.

Eine Szene, die einem unweigerlich im Gedächtnis haften bleibt und für die jeder Dramatiker, hätte er sie erfunden, weltberühmt geworden wäre. Hier die Pflegerin, die mit ihrer großen Erfahrung sofort wusste, dass ihre Patientin den Tod bereits akzeptiert hatte, und da die Frau, die sich nach qualvollen Monaten für das Sterben bereit machte. Ein Mann wird dies schwerlich begreifen können, denn in einer solchen Situation zählte es wohl zu seinen geringsten Sorgen, welche Krawatte er im Sarg tragen würde. Aber Gaby wollte sich noch einmal schmücken und in ihrer Schönheit zeigen. Nicht lange danach neigte sich ihr Leben dem Ende zu:

»Gaby kam in die Klinik, weil sie überhaupt keine Nahrung mehr aufnehmen konnte. Toni hatte zu der Zeit gerade ein Filmteam hier, das Aufnahmen davon machte, wie er lebte. Es war ein Donnerstag, und ich bat ihn, anzurufen, sobald das Team fort war. Wenn man sich intensiv mit Menschen befasst, dann kann man fast auf den Tag vorhersagen, wann es soweit ist. Man bekommt einen sechsten Sinn, man spürt es einfach. Als er mich so gegen halb fünf anrief, schlug ich ihm vor, ihn von zu Hause abzuholen. Und auf dem ganzen Weg dorthin überlegte ich fieberhaft, wie ich ihm begreiflich machen sollte, dass er nun wirklich Abschied nehmen musste. Loszulassen ist unbedingt notwendig. Wenn ein Mensch einen anderen, und sei er noch so todkrank, festhält, hat der Sterbende keine Chance. Er ist dann nicht frei.

Als ich das Haus betrat, saß Toni auf der Bank in der Küche:

›Wie geht es ihr?‹, empfing er mich.

›Lass uns jetzt darüber reden, Toni.‹

Damit begann ich, ihm auseinander zu setzen, wie krank Gaby war, und dass sie kein lebenswürdiges Dasein mehr führen könne. Ich gab ihm auch zu verstehen, dass er sich von ihr verabschieden müsse.

Er schaute mich voll Entsetzen an: ›Aber warum?‹

Ich: ›Du musst mit mir kommen, und auch Flo muss kommen, wir machen alles gemeinsam.‹

Wir riefen Florian, den Sohn der beiden, in München an. Er fuhr sofort los, und ungefähr eineinhalb Stunden später trafen wir einander in der Klinik. Ich wollte, dass ein Priester gerufen wurde, aber Toni wehrte ab: ›Nein, die Gaby hat nichts mit Pfarrern. Die haben sich damals so quergestellt, weil sie nicht kirchlich verheiratet war.‹ Aber ich blieb dabei: ›Es ist notwendig, es ist wichtig!‹ Schließlich stimmte er zu.

Gegen sieben Uhr am Abend traf der Priester ein. Gaby empfing ihn mit bitterböser Miene. Toni meinte sofort: ›Ich habe ja gesagt, das ist für sie nicht gut!‹ Aber ich ließ mich nicht beirren: ›Doch, das ist gut für sie!‹

Nachdem wir mit dem Priester auf dem Gang noch ein paar Worte gewechselt hatten, spendete er Gaby die Letzte Ölung. In dem Augenblick, als er ihr das Kreuzzeichen auf die Stirn machte, trat ein Strahlen in ihr Gesicht, ein Strahlen, wie es sich kein Mensch ausmalen kann. Eine große Glückseligkeit schien sie zu erfüllen, jede Spur des Leidens war aus ihrem Gesicht gewichen. Toni und Florian werteten diese Verwandlung als Zeichen, dass sie auf dem Weg der Heilung war.«

Nach einem kurzen Abendessen machten sich Toni und sein Sohn auf den Weg nach Hause, während Hedi ins Krankenzimmer zurückkehrte:

»Um halb neun war ich wieder bei Gaby in der Klinik. Ich setzte mich an ihr Bett, legte meinen Arm um sie und bettete ihren Kopf an meine Schulter. Ich sang ihr vor – ›Herr, nimm meine Hände‹, das ist mein Begleitungslied. Sie blickte mich dabei an und lächelte. Sie wirkte zufrieden, glücklich. So gegen halb elf fragte ich sie: ›Hast du noch einen Wunsch? Willst du deinen Männern gute Nacht sagen?‹

Sie sah mich an, und, so unglaublich es klingt, sie sagte: ›Ja!‹ Nachdem drei Monate lang keine Silbe mehr über ihre Lippen gekommen war!

Ich rief sofort bei Toni an: ›Da möchte jemand gute Nacht sagen.‹ Dann reichte ich ihr das Telefon, und sie redete sieben Minuten lang, legte dem Sohn ans Herz, sein Studium fertig zu machen, sprach mit Toni und wünschte beiden eine gute Nacht.

Nach den sieben Minuten fielen ihr dann vor Erschöpfung die Augen zu. Gegen elf Uhr fragte ich sie: ›Kann ich noch etwas für dich tun?‹ Sie schaute mich an und sagte: ›Mach das Licht aus!‹ Das waren ihre letzten Worte. Um eins in der Nacht begann der Todeskampf, um drei Uhr fiel sie ins Koma, und um zehn Uhr am Vormittag des 3. November starb sie. Einen Tag nach Allerseelen.«

Hedi hatte gegen acht Uhr früh das Zimmer verlassen und war zu einer Kapelle hinter dem Krankenhaus gegangen, um sich ein wenig zu sammeln und von den Anstrengungen der Nacht zu erholen. Dabei schlief sie auf der Bank vor der Kapelle ein. »Plötzlich hupte jemand. Toni stand vor mir. ›Jetzt kommst du mit mir nach Hause‹, sagte er. ›Wir machen uns einmal ein Frühstück!‹ Als wir dann alle drei in der Küche saßen, Toni, Florian und ich, läutete das Telefon. Am Apparat war Oberarzt Dr. Bohannes, zu dem Gaby immer ein besonderes Vertrauensverhältnis hatte. Er sagte uns, dass sie eben verstorben sei.

Wir fuhren sofort in die Klinik. Als wir das Sterbezimmer betraten, waren die Vorhänge noch zugezogen. Gaby Sailer wirkte friedlich, fast hätte man meinen können, sie sei glücklich gewesen zu gehen. Auch Toni sah den Frieden in ihrem Gesicht, und dieser Anblick gab ihm Kraft. Ich hatte von einem Rosenstock, den Gaby selbst noch gepflanzt hatte, eine halb aufgeblühte Rose und eine Knospe mitgebracht und legte sie nun auf ihr Totenbett. Als wir so dort standen, am Sterbebett, baten mich beide, Toni und Florian, zu bleiben. Toni sagte, er könne sich ein Leben ohne mich nicht vorstellen, das Haus sei sonst leer, und Florian meinte, er wisse nicht, was mit seinem Vater geschehen würde, wenn ich ginge. So blieb ich.«

Den Kampf um das Leben Gaby Sailers hatten die beiden verloren. Toni, der unter dem quälend langsamen Tod seiner Frau ungeheuer gelitten hatte, wusste zur damaligen Zeit noch nicht, dass auch er sich bereits im Fadenkreuz des Schicksals bewegte.

Langsam kehrte die Lust am Leben wieder zurück, der beste Beweis dafür: Er machte 2001 die Jagdprüfung. Aber »Weidmanns Heil« wurde nicht ihm zuteil, sondern einem Antipoden.

Anfang April 2004 ging der 69-jährige Toni Sailer mit seinem langjährigen Freund Ali Baron Wolfersdorf in eine Münchner Diagnoseklinik, um sich durchchecken zu lassen. Weder Schmerzen noch das Gefühl einer aufkeimenden Krankheit hatten ihn zu diesem Schritt bewogen, viel-

Abbildung 37: *Toni Sailer war passionierter Jäger. Eine Leidenschaft, die er mit Annemarie Moser-Pröll teilte. (Foto Archiv Toni Sailer)*

mehr das Bedürfnis, vor dem sich nähernden siebenten Lebensjahrzehnt seinen Körper einmal auf den Prüfstand zu stellen.

Vielleicht aber hatte ihn doch eine innere Stimme gerufen – denn wäre er nicht zu dieser Untersuchung gegangen, er hätte das nächste Jahr wohl nicht überlebt: »Wir erhiel-

Abbildung 38: *Toni Sailer mit seinem besten Freund, Ali Baron Wolfersdorf (Foto Archiv Toni Sailer)*

ten einen Anruf von der Klinik, wir sollten nach Innsbruck in die Neurochirurgie zu einem Gespräch kommen, sie hätten die Befunde von München in die Innsbrucker Klinik gefaxt«, erinnert sich Hedi voller Schrecken: »Wir fahren nach Innsbruck, suchen den Professor in seinem Zimmer auf, und er teilt uns trocken mit: ›Herr Sailer, Sie haben einen Hypophysen-Tumor. Diese erbsengroße Hirnanhangdrüse ist das Zentrum des Hormonsystems. Sie wird von vier Arterien mit Blut gespeist, ist also auch ein Blutzentrum. Wir können keine Biopsie machen, da würden Sie verbluten. Wir wissen also nicht, ob der Tumor gut- oder bösartig ist.‹ Und dann sagte er wörtlich: ›Herr Sailer, Sie werden nicht mehr lange leben, höchstens bis Weihnachten!‹ Dazu erklärte er, dass ein Tumor an der Hypophyse ein Todesurteil sei, weil man nicht wisse, wie schnell er wachse, zunächst führe er zur Erblindung, dann zur Lähmung, dann zum Tod.

Ich fragte zurück: ›Gibt es eine wissenschaftliche Methode, diesen Tumor zu behandeln?‹

Er: ›Nein, gibt es nicht!‹«

Und wie reagierte Toni Sailer auf diese Botschaft: »Wir gingen zum Aufzug, und da sagte Toni zu mir: ›Weißt du was, Wickerl, jetzt fahren wir zum *Wilden Mann* hinauf und gehen gut essen!‹«

Kurze Zeit später reisten beide nach St. Tropez, wo sie ausgiebig Sport betrieben, schwammen und lasen. »Toni nahm einen ganzen Berg Bücher in einer Tasche mit. ›Wenn ich nichts mehr sehe, dann habe ich die wenigstens noch gelesen‹, meinte er.« Von Tumoren, Verbluten, verlorenen Sekunden und Tod waren sie weit entfernt, alles verlief in friedlicher, entspannter Atmosphäre, ja, man hätte es beinahe einen schönen Urlaub nennen können.

Zurückgekehrt holte sie gleich wieder der medizinische Alltag ein: »Ich hatte den Innsbrucker Arzt gebeten, unserer Hausärztin den Bericht und alle Befunde aus München zukommen zu lassen. Sie hatte bei einem Kongress den bekannten Gehirnspezialisten Professor Rudolf Fahlbusch aus Erlangen kennengelernt, der Toni speziell untersuchte und in dem unterirdischen Bestrahlungszentrum einen

Abbildung 39: *Mit Hilfe von Hedi fand Toni Sailer, selbst schwer erkrankt, seine Lebensfreude wieder. (Foto Archiv Toni Sailer)*

radiochirurgischen Eingriff vorbereitete. Er nahm exakte Vermessungen vor, denn wenn der Tumor nur um Bruchteile von einem Millimeter verfehlt wird, kann der Patient schwerste Gehirnverletzungen davontragen oder sogar sterben. Aber die Bestrahlungen waren erfolgreich: Die Nahrungszufuhr für den Tumor konnte an zwei Stellen gestoppt werden.«

Der Tumor selbst war allerdings nach wie vor da, nur eben durch die Bestrahlung eingebrochen und nicht mehr voll in Aktion. Toni fühlte sich bald wieder relativ wohl, die Doppelsichtigkeit, die der Tumor verursacht hatte, da er einen Sehnerv behinderte, war verschwunden, ein Effekt, der dem Golf-Fan Sailer nicht unwichtig war.

Der Winter kam, und mit ihm ein stimmungsvolles Weihnachtsfest. An den vorhergesagten Tod dachte niemand mehr, vielmehr genoss man im Hause Sailer den weihnachtlichen Frieden und die Beschaulichkeit.

Abbildung 40: *Mit Sohn Florian beim Golfen. Toni Sailer spielte 25 Jahre lang Handicap vier. (Foto Skiclub Kitzbühel)*

Und das war gut so, denn schon wenige Wochen später gab es erneut Krebs-Alarm:

»Im Februar 2005 hatte Toni am Zungenrand eine Blase bekommen, wir glaubten an Herpes. Der Zahnarzt laserte die Blase weg, aber kurze Zeit später kam sie zurück. Schließlich schickte die Hautärztin aus Wörgl eine Gewebeprobe nach Innsbruck. Die Antwort kam prompt: Zungenbodenkarzinom.

Professor Herbert Dumfahrt entfernte in der Folge die Krebszellen durch eine großflächige Laserung. Alle Nachuntersuchungen waren, Gott sei Dank, ohne Befund, Lymphknoten-Metastasen wurden keine gefunden.«

Wie Toni Sailer in den Jahren 1956 und 1958 insgesamt zehn Gold- und eine Silbermedaille in noch nie dagewesener Perfektion errungen hatte, so schien jetzt sein geschwächter Körper schwere Erkrankungen regelrecht auf sich zu ziehen. Schon wenige Wochen nach der großen Zungenlaserung lautete ein neues Untersuchungsergebnis auf Prostatakrebs. Nicht weniger als 5000 Österreicher erkranken jährlich daran. Der bekannte Urologe an der Innsbrucker Universitätsklinik, Professor Georg Bartsch, wollte eine radikale Prostatektomie durchführen, also die Prostata vollkommen entfernen. Aber er stellte mit seinem Anästhesisten sofort fest, dass Tonis Lunge zu schwach war, um die Marathonoperation von vier bis fünf Stunden Dauer zu überstehen. Sein Vorschlag: konditioneller Aufbau, und erst danach dieser große Eingriff.

Und so fuhr Toni mit Hedi wieder einmal nach St. Tropez, im Gepäck Nordic-Walking-Stöcke. Das gleiche bedingungslose Training, das Toni Sailer einst zum Olympiasieger gemacht hatte, sollte ihm jetzt das Leben retten. Er quälte sich anfangs mühsam und kurzatmig täglich über fünf bis sieben Kilometer. War der jugendliche Toni Sailer sommers in Rekordzeit die Kitzbühler Streif hinauf und hinunter gelaufen, um für seinen Sport im Winter fit zu sein, so marschierte er jetzt mit Walkingstöcken beinahe um sein Leben. Vor einem halben Jahrhundert hatte er als Weltklassemann diese Konsequenz gelernt, mit der er seinen Körper bis knapp vor den Zusammenbruch traktierte. Das Leistungsvermögen hatte durch die vielen Erkrankungen nachgelassen, die Ausdauer aber war dieselbe geblieben.

Auf diese Weise gelang es ihm auch tatsächlich, seine Kondition so weit zu verbessern, dass der Anästhesist nur so staunte, als er sich schließlich zur Prostata-Operation einfand. Der lange und komplizierte Eingriff verlief problemlos.

»Man muss bedenken, was er in diesen Wochen und Monaten durchmachen musste, und dabei gab es nie ein

Zeichen der Resignation, kein Selbstmitleid, kein Jammern«, schließt Hedi ihre Schilderung.

Seit 2004 hatten Toni Sailer also in immer kürzer werdenden Abständen schwere gesundheitliche Attacken getroffen. Erst das Jahr 2006 brachte endlich ein wenig Ruhe und eine gewisse Erholung.

Hedi bewohnte mittlerweile bereits sechs Jahre das Appartement im Hause Sailer. Sie besorgte all die Zeit über den Haushalt und kümmerte sich um Tonis Wohl. Dann brachte der Mai 2006 eine entscheidende Veränderung: »An einem Abend, an dem wir lange miteinander gesprochen hatten, fragte er mich, ob ich ihn heiraten würde.« Dem nicht genug, hielt er auch noch bei Hedis 80-jähriger Mutter in Vöcklabruck mit einem riesengroßen weißen Rosenstrauß um die Hand ihrer Tochter an. Es war eine nicht alltägliche, rührende Brautwerbung: Drei Menschen kamen hier zusammen, die auf ein reiches Leben zurückblicken konnten, und ein Paar, das sich im letzten Abschnitt seines Lebens gefunden hatte, um glücklich zu sein. Hedi Pichler hatte das Leben Toni Sailers wieder mit Liebe erfüllt, und nun sollte diese Beziehung mit der Hochzeit besiegelt werden ... Am 28. Juli 2006 heirateten die beiden in Meran. Tonis Sohn Florian und Hedis Sohn Alex waren Trauzeugen.

Diese Augenblicke des Glücks boten Hedi und Toni die Möglichkeit, Kraft und Mut zu schöpfen. Aber sie blieben nur ein kurzes Intermezzo.

Am 31. Oktober 2007 feierte der bekannte Sportjournalist Michael Kuhn in Wien seinen 70. Geburtstag. Jahrelang hatte er das Hahnenkammrennen für das Fernsehen kommentiert und war daher Toni Sailer in besonderer Weise verbunden. So fuhren Toni und Hedi Sailer nach Wien zum großen Geburtstagsfest. Ganz wohl fühlte sich Toni

Abbildung 41: *Die Hochzeit mit seiner zweiten Frau Hedwig »Hedi« Pichler fand am 28. Juli 2006 in Meran statt. Toni hatte Hedi kennengelernt, als er eine Pflegerin für seine todkranke Frau Gaby suchte. (Foto Archiv Toni Sailer)*

allerdings nicht. Beim Schlucken hatte er schon seit einiger Zeit einen starken Druck im Hals verspürt, »so als hätte ich da drin einen Knödel stecken«. Er hatte bereits mit Professor Dumfahrt einen Kontrolltermin für den 5. November vereinbart und wollte ihn bei dieser Gelegenheit auch gleich von diesen lästigen neuen Schluckbeschwerden erzählen.

Bei der Geburtstagsfeier stellte sich allerdings heraus, dass das, was er als Lappalie betrachtet hatte, doch erhebliche Komplikationen mit sich brachte: Er war plötzlich nicht mehr imstande, auch nur den kleinsten Bissen zu essen. Bei jedem Versuch, einen Schluck Flüssigkeit zu sich zu nehmen, erbrach er Hände voll weißen Schaum. Mit Stapeln von Servietten und Papiertaschentüchern versuchte er hastig, sich den Schaum vom Mund zu wischen. Da steuerte schon Ingrid Wendl, ehemals Weltklasse-Eiskunstläuferin, dann TV-Moderatorin und später Nationalratsabgeordnete, mit einem Mikrophon bewaffnet, durch die dicht gedrängte Prominenz auf Toni zu, um ein Interview mit ihm zu machen. Sie war im Jahr 1956 als Sechzehnjährige mit Toni Sailer im Olympiateam gewesen und hatte damals eine Bronzemedaille errungen.

Hedi Sailer sah die Moderatorin auf ihren Tisch zukommen und wollte noch schnell mit ihrem Mann das Lokal verlassen, aber es war zu spät. Das Interview fand statt, Toni konnte, mühsam gegen den hochquellenden Schaum ankämpfend, mit letzter Kraft antworten, dann stürzte er hinaus auf die Toilette.

Auf der Heimreise nach Kitzbühel versuchte er, ein wenig Flüssigkeit hinunterzuschlucken. Seine Frau fürchtete ständig, dass die Nieren unter diesen Umständen versagen würden, denn auf der ganzen Strecke von Wien nach Kitzbühel, das sind immerhin weit über 500 Kilometer, schaffte er es unter größter Anstrengung nicht, mehr zu sich zu nehmen als eine Dose Red Bull, also rund 250 Milliliter an Flüssigkeit.

Was mochte diese schrecklichen Anfälle verursacht haben? Was war mit seiner Speiseröhre los? Zu Hause in Kitzbühel kämpfte er fünf Stunden mit gerade einmal einem halben Liter Früchtetee. In den nächsten vier Tagen verlor er acht Kilogramm Körpergewicht.

Endlich kam der Montag heran, an dem er in Innsbruck den Termin bei Professor Dumfahrt hatte. Dieser gab sofort Anweisung, dass Toni Infusionen erhalten sollte, und setzte eine Kehlkopfspiegelung unter Vollnarkose an.

Hedi: »Beim Kehlkopf war alles in Ordnung, aber als ein Chirurg die Speisereste entfernte, entdeckte er darunter einen Tumor! Er war so groß, dass er die Speiseröhre an die Aorta drückte. Eine Gewebsprobe wurde entnommen, und knapp zwei Stunden später kam dann die endgültige Diagnose, die mich wie ein Keulenschlag traf: Speiseröhrenkrebs!

Da brachen bei mir alle Dämme, und ich begann haltlos zu schluchzen. Toni aber zeigte wieder einmal seinen unausrottbaren und für viele fast unbegreiflichen Optimismus. Er umarmte und tröstete mich: ›Wickerl, das schaffen wir sicher auch noch!‹ So viel Innigkeit lag in seinen Worten, und das, obwohl er zu diesem Zeitpunkt dem Tod wahrscheinlich näher gestanden war als je zuvor!«

Toni konnte nicht operiert werden, weil er von der Lunge aus nicht kräftig genug war. Wahrscheinlich haben ihn auch die Chemotherapien, die Cortisongaben und die vielen Narkosen arg geschwächt.

»Der Therapieplan, den Professor Wolfgang Eisterer erstellte, sah sechs Wochen lang große Chemotherapie von Montag bis Freitag vor. Für die medizinische Betreuung war Oberarzt Dr. Sandhofer zuständig.

Wir packten also wieder unsere Koffer und fuhren zurück nach Kitzbühel.

Endlich zu Hause, endlich wieder der wunderbare Blick vom Wohnzimmer zum *Wilden Kaiser*, ein Bild, das Toni schon in tausend Variationen fotografiert hatte: schneebedeckt, im Sonnenschein, nur die kahlen, wuchtigen Felswände, alle möglichen Nebelstimmungen …«

In Kitzbühel schöpfte Toni Sailer Kraft, um die nächste Therapiewoche zu überstehen. Am Montag hieß es dann neuerlich Koffer packen, in die Klinik, und bis Freitag jeden Tag Chemotherapie. Sechs lange Wochen. Vom 12. November 2007 bis knapp vor dem Heiligen Abend pendelten sie zwischen Kitzbühel und Innsbruck hin und her.

Und dann kam Weihnachten. Dieser Heilige Abend

2007 brachte für Toni Sailer ein Erlebnis, das ihm zum ersten Mal in diesen an Erschütterungen so reichen Jahren die Tränen in die Augen treiben sollte:

Endlich war er wieder über längere Zeit zu Hause, aber die Chemotherapie hatte ihn vollkommen ausgelaugt. Matt und kraftlos, nahm er die Vorbereitungen für den festlichen Abend kaum wahr. Auch als sich die kleine Familie – Tonis Sohn Florian war angereist und Hedis Sohn Alexander ebenfalls – neben dem prachtvoll geschmückten Christbaum zum weihnachtlichen Essen zusammenfand, rüttelte ihn dies nicht aus seiner Teilnahmslosigkeit auf. Vielmehr merkte Hedi, die ihn nicht aus den Augen ließ, wie er im Gesicht immer bleicher wurde, je länger er am Tisch saß.

»Schließlich«, so berichtete er, »ging ich ins Wohnzimmer und legte mich auf die Sitzbank, um ein wenig auszuruhen. Drüben, links von mir, brannten die Weihnachtskerzen.

Plötzlich höre ich etwas, es war so als ob sich etwas leicht rauschend bewegte. Und gleich darauf sehe ich von oben ein gleißendes Licht in strahlendem Weiß, in Gold und Rot, ein mächtiger Lichtstrahl, der sich nach unten zu verengt und mit der Spitze in meine Brust eindringt. Tränen flossen mir über die Wangen, und das ist bei mir einen Seltenheit. Ich dachte auch keineswegs an ein Wunder, eine Hand etwa, die von drüben herübergreift, um mir zu helfen … und doch, es war eine Hilfe, es war überwältigend!«

Eine Woche später – zu Silvester – lauschten Hedi und Toni Österreichs größter Glocke, der Pummerin, die da vom Wiener Stephansdom dröhnend ein glückliches Neues Jahr wünschte. Da packte sie wieder die Lebensfreude, und sie tanzten zusammen den Donauwalzer.

Wieder eine Woche später, am Montag, 7. Januar

2008, erfolgte die Kontrolluntersuchung in der Innsbrucker Universitätsklinik. Dr. Sandhofer sah sich den Patienten an und meinte spontan: »Unglaublich, wie gut die Chemotherapie gegriffen hat! Wenn ein Arzt nicht über Tonis Zustand Bescheid wüsste, er könnte nach dem jetzigen Röntgen nicht mehr feststellen, dass hier ein großer Tumor vorhanden war!«

Hedi aber sagt dazu: »Es muss etwas gewesen sein, eine unglaubliche Kraft, die auf ihn eingewirkt hat!«

Damit hatten die beiden eine Schlacht gewonnen – aber den Krieg noch lange nicht! Hedi tat weiterhin alles, um Tonis Wünsche zu erfüllen und ihm sein Leben zu erleichtern. Wenn ihm nach Reisen zumute war oder er offizielle Termine wahrzunehmen hatte, chauffierte sie ihn. Während sie am Steuer saß, lehnte er sich im Beifahrersitz zurück und ruhte sich aus. So fuhren sie in den folgenden Wochen und Monaten Tausende Kilometer. Besuchten sie zu Jahresbeginn 2008 Moskau, wo sie mit 30 000 begeisterten Russen bei minus 27 Grad einem spektakulären Slalom mitten in der russischen Hauptstadt beiwohnten, so sah man sie wenig später bei der Ski-Weltmeisterschaft in Val d'Isère. Nach einer kurzen Unterbrechung, bedingt durch eine neuerliche Serie Chemotherapie und Bestrahlung in Innsbruck, reisten sie zur 50-Jahr-Feier der Ski-Weltmeisterschaft 1958 nach Bad Gastein, wo Toni nach der anstrengenden Therapie das Rednerpult betrat und das Wort ergriff, als sei er nur eben von einem Spaziergang zurück. Für eine Sitzung des Internationalen Ski-Verbandes im schweizerischen Oberhofen, die nur eine Stunde dauerte, legten sie 600 Kilometer zurück.

Toni Sailer war bei allen Veranstaltungen ein eloquenter Ehrengast, in Gastein zum Beispiel dauerten die Jubiläumsfeierlichkeiten drei volle Tage, und keiner seiner Gesprächspartner ahnte, wie es tatsächlich um ihn stand.

Wenige Wochen Erholungspause verstrichen, da folgte die nächste Katastrophe:

»Immer wenn wir dachten, jetzt haben wir es geschafft, kam garantiert nach zwei, drei Monaten ein neuer Schlag.« Auch dieses Mal: »Es begann damit, dass Toni im Frühjahr 2009 zusehends Appetit verlor und immer schwächer wurde. Zudem litt er unter starken Schmerzen im Leibbereich, die sich bis zu den Nieren hinaufzogen. ›Wickerl‹, sagte er oft, ›Wickerl, ich kann nicht mehr liegen, aber ich kann auch nicht aufstehen, ich bin so schwach!‹

Schließlich rief ich unsere Hausärztin, und als auch Frau Dr. Schwendtner nicht mehr helfen konnte, wandte ich mich wieder an die Klinik. Das war Ende April 2009. Dr. Sandhofer versprach, Toni sofort am nächsten Tag zu untersuchen.«

So geschah es auch, und das zermürbende Warten fing von vorne an:

»Nachdem die Befunde eingelangt waren, nahm Dr. Sandhofer bei uns Platz und sagte: ›Ich habe leider eine traurige Nachricht. Du hast Bauchspeicheldrüsenkrebs, Toni! Ohne Operation hast du noch drei Monate. Wenn du dich operieren lässt, besteht die Chance, dass du zu den 20 Prozent gehörst, die fünf Jahre überleben. Ich kann eine Operation durch Professor Margreiter organisieren. Die Entscheidung liegt bei dir.‹«

Am Abend kam Professor Raimund Margreiter vorbei, um Toni und Hedi von seiner Warte aus über die Operation aufzuklären. Sie müssten sich darauf einstellen, dass der Eingriff viele Stunden lang dauern würde. Und im Übrigen bestätigte er, was ihnen auch schon Dr. Sandhofer mitgeteilt hatte. Dasselbe erfuhren sie von einem Spezialisten für Chemotherapie.

»Dann saßen wir also da, wir zwei. ›Wickerl, was glaubst denn du?‹, fragte mich Toni. Ich meinte zögernd:

›Ich weiß nicht, ob dein Körper es schafft. Ich hab kein gutes Gefühl bei einer Operation. Aber die Entscheidung liegt bei dir.‹« Den Rest des Abends berührten sie das Thema nicht mehr.

»In der Früh dann kam Dr. Sandhofer wieder und fragte, wie Toni sich nun entschieden hätte. Toni antwortete: ›Für die OP.‹«

Der Operationstermin wurde für den 18. Mai 2009 festgelegt. Am 17. Mai, Hedis Geburtstag, waren sie bereits in die Klinik bestellt, damit Toni auf diesen Eingriff entsprechend vorbereitet werden konnte: »Wir parkten das Auto in der Tiefgarage der Klinik und stiegen in den Lift, der uns auf die Station bringen sollte. Plötzlich ein Ruck, und der Aufzug blieb stecken. Ich drückte den Notrufknopf, eine Frauenstimme meldete sich. Ich schilderte ihr die Situation. Sie bat uns zu warten, sie würde Hilfe schicken. Nach 50 Minuten, die wir in der Kabine ausharrten, drückte ich neuerlich den Knopf und beschwerte mich. Auch das nützte nichts. Erst als Toni mit seinem Mobiltelefon die Polizei rief, schickte uns der Beamte die Feuerwehr, die nach zehn Minuten eintraf und uns mit Brechstangen aus dem Aufzug holte.«

Natürlich kamen sie mit großer Verspätung bei den Ärzten an, die schon voller Sorge gewartet hatten. Nun begannen sogleich die Vorbereitungen für die Operation.

Nach Mitternacht stand Toni im Krankenzimmer noch einmal mühsam vom Bett auf: »Er packte aus dem Rucksack Zettel aus und schrieb um ca. zwei Uhr in der Nacht mit der Hand ein Testament. Doppelseitig. Danach faltete er es zusammen und steckte es in ein Kuvert.«

Um 6.15 Uhr holen sie ihn ab und bringen ihn in den Operationssaal. Für Hedi, die sich in Begleitung ihrer Tochter in einen Aufenthaltsraum begibt, brechen wieder marternde Stunden des Wartens, des Hoffens, des Zweifels und der Angst an.

Um 17.30 Uhr kommt Toni Sailer aus dem Operationssaal heraus und in die Aufwachstation. Er hängt an zahlreichen Schläuchen und wird künstlich beatmet. Sein Anblick schneidet Hedi tief ins Herz:

»Auch wenn man schon viel mit schwerkranken Menschen zu tun hatte, wenn es dein eigener Mann ist, dann raubt einem das beinahe alle Kraft …

Vier Wochen blieben wir in der Klinik, ich war Tag und Nacht dabei. Wie Wache ist das! Wie Wache! Bei jeder Bewegung schreckt man hoch. Man schläft fast nichts mehr. Ich blieb die Nächte über meist einfach sitzen.«

Dann darf Toni endlich nach Hause. »Immer wenn wir nach Kitzbühel zurückkehrten und er seinen geliebten *Wilden Kaiser* sah, war das für ihn Balsam …«

Nun vergeht die Zeit in Hoffnung und Verzweiflung. Hedi fährt mit Toni von Innsbruck nach Kitzbühel, von Kitzbühel nach Innsbruck und wieder zurück in einer nicht enden wollenden Tour. Eine Gastroskopie ergibt, dass der Magen voller Geschwüre ist, darunter ein handtellergroßes. Sofort wird die Dosis Antibiotika verdoppelt. Kurze Phasen der scheinbaren Erholung wechseln mit schweren Attacken, Tage der Stabilität werden immer wieder von Schwächeanfällen unterbrochen. Ein kurzer Gehversuch, den Toni – gestützt auf zwei Stöcke – um sein Kitzbühler Haus unternimmt, ruft Optimismus hervor. Das ist der Zeitpunkt, an dem die Ärzte neuerlich mit der Chemotherapie beginnen.

Während dieser Zeit rafft Toni Sailer sich noch einmal auf, um seiner großen Leidenschaft, der Musik, nachzugeben. Hedi fährt mit ihm ins Burgenland, zur »Rigoletto«-Premiere der Opernfestspiele von St. Margarethen. Wieder steht er im Blitzlichtgewitter der Fotografen, gibt Interviews für Presse und Fernsehen, ohne sich etwas anmerken zu lassen. Auch ich weiß nicht, als ich mich dort im Steinbruch mit einem »Servus« von ihm trenne, dass es für immer ist.

Zehn Tage vor seinem Tod besucht er in Bad Ischl die Operetten »Land des Lächelns« und »Wiener Blut«. Nach der Vorstellung von »Wiener Blut« plaudert er an der Bühnentür mit seinem Schauspielerfreund Franz Suhrada, der mit ihm in der Fernsehserie »Die Leute von St. Benedikt« aufgetreten ist. Sie unterhalten sich angeregt über alte Schauspielerzeiten, und Suhrada erinnert sich, wie Toni ihm von seinen schweren Operationen erzählt, aber jetzt sei er über den Berg …

Das war neun Tage vor seinem Tod.

»… Wenige Wochen nach Beginn der Chemotherapie ergab ein Bluttest stark erhöhte Leberwerte. Ständige Übelkeit, Appetitlosigkeit, Schwäche. Darauf päppelten sie ihn in der Klinik wieder auf. Mit 1200 Kalorien am Tag und Antibiotika, Antibiotika … Während er an der Infusion hing, spielten wir Würfelpoker. Die Zetteln habe ich noch … Nach eineinhalb Wochen konnte ich ihn wieder mit nach Hause nehmen. Zwei, drei Wochen quälten wir uns dahin, bis er wieder furchtbare Lendenschmerzen bekam …«

Es war schon der 18. August. Die Rosen im Garten blühten so voll, wie er es immer geliebt hatte. Toni wollte nicht aufstehen an diesem Tag. Aber Hedi überredete ihn. Die Rosen im Garten seien gerade wunderschön. »Ich ging mit ihm aus dem Zimmer hinaus. Er blickte über die Stiege nach unten, den linken Arm auf meine Schulter gestützt, die Rechte am Handlauf. ›Wickerl‹, sagte er, ›da gehe ich heute das letzte Mal hinunter!‹

Unten im Garten bettete ich ihn auf die Liege – und von dort kam er nicht mehr auf.«

Die Rettung brachte ihn in die Klinik nach Innsbruck. Am Mittwoch gab es einen neuen schrecklichen Befund: Ein Tumor hatte die Leber befallen, der gleiche aggressive Krebs wie in der Bauchspeicheldrüse, dazu das handflächengroße Geschwür im Magen, ganz mit Eiter gefüllt.

»Toni wusste alles über seine ausweglose Situation, aber er hatte keine Sekunde lang Angst vor dem Tod«, meint Hedi bestimmt. »Am Freitag sagte er noch zu mir: ›Armes, armes Wickerl, was da auf dich zukommen wird, das ist schlimm!‹ Am Samstag konnte er nicht mehr sprechen. Wenn ich ihn an mich drückte, rannen die Tränen über sein Gesicht. Mit den Tränen zeigte er mir, dass er mich wahrnahm und verstand. Ich betete mit ihm, ich sang ihm mein Begleitungslied vor. ›So nimm denn meine Hände …‹ Das war so bis zum Montag, bis zum Ende, als ich ihm die Augen schloss.«

Am 24. August 2009 um 20.20 Uhr tat Anton Engelbert Sailer, das Sonntagskind, den letzten Atemzug.

Ausblick: »Das Wiedersehen mit ihm war erschütternd«

Rudi Sailer sieht aus, wie wenn der Bildhauer Fritz Wotruba Toni Sailer in Stein zu meißeln versucht hätte. Der um achteinhalb Jahre jüngere Bruder ist im Gegensatz zum sensibleren Toni härter im Aussehen, härter in seiner Art, sich auszudrücken, und härter als Geschäftsmann. Als er aber nun, neun Tage nach Tonis Tod, über seinen Bruder spricht, wirkt dieser harte Mann fragil und schwer gezeichnet:

»Mein ganzes Leben war ich stolz auf ihn! Als Skifahrer war er, unerreichbar für den Rest der Welt, und als Mensch war er eine Seele, eine wirklich gute Seele. Keinem wollte er etwas Böses tun, nicht einmal seinen Gegnern und Neidern. Und davon gab es gar nicht so wenige!

Toni sprach nie über seine Leiden. Er hatte auch Hedi, seine Frau, gebeten, nichts zu sagen, aber ich wusste seit Monaten, dass es ihm wirklich schlecht ging. Obwohl er noch beim Hahnenkammrennen im Januar seinen Freunden erzählt hatte, er möchte mit mir wieder leichte Skiabfahrten machen.

Aber als ich dann hörte, dass es mit meinem Bruder bald zu Ende gehe, traf es mich wie ein schwerer Schlag, überraschend und schmerzhaft. Am Freitag, den 21. August 2009, fuhr ich nach Innsbruck in die Klinik. Das Wiedersehen mit ihm war erschütternd.

Abbildung 42: *»Mein ganzes Leben war ich stolz auf ihn!« Mit diesen Worten nahm der um achteinhalb Jahre jüngere Rudi Sailer am Sarg von seinem verstorbenen Bruder Abschied. Ganz Österreich trauerte mit ihm. (Foto Skiclub Kitzbühel)*

Er lag mit geschlossenen Augen in seinem Bett, glühend vor Fieber, abgemagert, der Krebs hatte ihn aufgefressen … Mir fiel beim Anblick dieses Leidens eine Szene ein, wie er mir als Sechzehnjährigem bei meiner ersten offiziellen Streif-Abfahrt geholfen hatte. Beim Training fuhr ich fünfmal, kam aber nie weiter als bis zur Steilhang-Ausfahrt. Beim Rennen fuhr mir Toni im unteren Steilhang-Abschnitt nach. In der alten Schneise, da geht's relativ flach dahin, krieg ich auf einmal von hinten einen gewaltigen Stoß, dass es mich fast überschlagen hätte. Da merkte ich: Toni hatte mich stark angeschoben … Ich wurde Vierundzwanzigster.

Und jetzt stand ich da, vor dem Sterbebett dieses geliebten Bruders. Ich beugte mich mit dem Kopf hinunter zu ihm, und er drückte seinen Kopf an meinen, wie ein kleines Kind. Ich sah, dass er sprechen wollte, aber er bekam kein Wort mehr heraus. Vielleicht wollte er sagen: ›Hei, Rudai, hilf mir!‹ Bevor ich zu weinen begann, verließ ich schnell das Sterbezimmer.

Am Sonntag fuhr ich noch einmal zu ihm, aber da war's schon ganz aus. Da konnte er keine Bewegung mehr machen.

Ich durfte in einer großartigen Familie aufwachsen. Wir hatten die besten Eltern, einen Engel von Mutter und einen arbeitsamen, humorvollen und musikalischen Vater. Trotzdem herrschte in unserem Hause nicht die totale Jubelstimmung, als ich geboren wurde, denn als meine Mutter mit mir schwanger war, stürzte mein kleiner Bruder Walter vom Balkon und starb an den Folgen seiner schweren Verletzungen.

Schon bald wurde die Betreuung für mich Nachzügler in Tonis Hände gelegt: Als Ballbub beim Tennis oder Fußball am Lebenberg, auch bei vielen anderen Sportauftritten Tonis war ich dabei … und ich war schon damals stolz auf meinen großen Bruder, denn er war in jeder Sportart der Beste. Deine Jugendzeit war dadurch meine schönste Kinderzeit!

Konkurrenzdenken hat es zwischen uns niemals gegeben, dazu war er einfach zu weit weg – mehr oder minder in einer anderen Sphäre – und viel zu gut. Auf der Piste war er ein Gigant, und er gefiel mir auch als Schauspieler. Dafür interessierten ihn Geldangelegenheiten nicht! In Japan warfen sie ihm das Geld tonnenweise nach, dort wäre er Milliardär geworden. Er aber ließ es liegen und ging nach Berlin in eine Schauspielschule, um seinen neuen Beruf von der Picke auf zu lernen. Obwohl er schon fünf erfolgreiche Filme gedreht hatte! Er war immer ein akribischer Mensch, der in allem, was er anfing, absolut perfekt sein wollte! Das war eher ein preußischer als ein österreichischer Charakterzug an ihm!«

Als ich Rudi unterbrach und einwarf, wie stolz Toni auf die guten Kritiken für den »Tod des Handlungsreisenden« im Stadttheater Luzern gewesen war, blickte er mich mit Bedauern an und meinte trocken: »Das war auch der Tod des Multimillionärs Toni Sailer! Man muss doch bedenken, er war nach dem Kaiser die bekannteste Persönlichkeit des japanischen Reiches. Er war ein Gott, aber als ein Gott musst du dich anbeten lassen, wenn ich das so salopp sagen darf. Du musst einen Opferstock vor deinem Thron aufstellen, da wären schon ein paar Millionen drinnen gelandet. Du darfst aber nicht auf die Schulbank zurückkehren wie er, da wirst du von der Gottheit zum Taferlklassler. Aber das war ihm völlig egal.

In der Skiindustrie sprach man den Namen Toni Sailer noch viele Jahre nach seiner großen Zeit mit Ehrfurcht aus. Ich bekam bei den Vertragsverhandlungen im Jahr 1970 durch den Namen Sailer – sicher dachte da niemand an den kleinen Rudi, sondern natürlich nur an den großen Toni – das Doppelte von Karl Schranz, der in diesem Jahr zum dritten Mal Weltmeister und zum zweiten Mal Weltcup-Gesamtsieger geworden war.

Toni aber war einfach glücklich, wieder in der Heimat zu sein. Die Kitzbühler allerdings machten es ihm oft schwer. Er litt sehr darunter, dass man gerade ihm, der so viel für dieses Land und diese Stadt getan hatte, immer wieder solche Probleme bereitete. Nie jedoch hätte er daran gedacht, sich eine Lobby aufzubauen. In Japan braucht es keine Lobby, da können die Menschen viel erkämpfen, aber bei uns bestimmt nicht das Volk, sondern ein paar Einzelne, und wenn du die nicht auf deiner Seite hast, dann bist du ein Nichts, auch wenn du 100 Goldmedaillen um den Hals hängen hast! Wir sind ein Volk, das nicht frei und ehrlich mit dem Erfolg umgehen kann. Ehrlich wird's erst jetzt wieder werden, wenn sich ein paar denken: Ein toter Indianer ist ein guter Indianer!«

Ich dachte bei diesen Worten Rudis an Klaus Reisch, den heimlichen Herrscher Kitzbühels, der gern folgende Parabel erzählt: Nach der Erschaffung der Welt kamen viele Delegationen zu Gott und beschwerten sich über die ungerechte Verteilung, da er Kitzbühel mit der herrlichsten Landschaft ausgestattet hatte. Da sagte Gottvater: »Wartet ab und habt Geduld, ich habe noch nicht die Kitzbühler erschaffen!«

Aber Rudi Sailer fährt fort: »Jetzt lese ich in den Zeitungsberichten rührende Nachrufe über den tragischen Tod meines Bruders, von Leuten, die ihm ein Leben lang nur Prügel vor die Füße geworfen haben. Für die ist er jetzt der Beste, der Allergrößte und Erfolgreichste. Wo wird denn am meisten gelogen? Vor Gericht und auf dem Friedhof!«

In seinen ergreifenden Schlussworten bei den Begräbnisfeierlichkeiten am 29. August 2009 für seinen Bruder hatte Rudi Sailer gesagt: »Toni, du gehst mir jetzt schon ab! Es gab nie ein böses Wort zwischen uns beiden. Tonai, du warst ein Leben lang für mich der Größte, Beste und der Stärkste bis zum bitteren Ende. Einen besseren Bruder gibt es nicht!

Aber an deinem Sarg möchte ich nicht nur dir, Tonai, danken, sondern auch deiner Frau Hedi. Durch tragische Umstände hast du Hedi gefunden, die dich aufopferungsvoll geliebt und betreut hat. Leider waren die gesunden Jahre sehr schnell vorbei, viereinhalb Jahre dauerte der Überlebenskampf.

Du, Tonai, wolltest leben, hast gekämpft wie ein Löwe, alleine aber hättest du es nie so lange geschafft. Hedi, du hast mit größtem Einsatz eine Lebensverlängerung ermöglicht, und dass er neben Chemotherapien, künstlichen Beatmungen und Operationen auch noch Liebe und Geborgenheit empfinden konnte. Danke!«

Nach Toni Sailers Tod waren in vielen in- und ausländischen Zeitungen Ehrenbezeugungen zu lesen. Auch Jean-Claude Killy, der französische Star, der 12 Jahre nach Toni Sailer in Grenoble ebenfalls dreimal olympisches Gold gewonnen hatte, ergriff das Wort. Am Sarg Sailers nahm er seine Kitzbühel-Kappe ab, die er aus Verbundenheit zu Toni aufgesetzt hatte, und verbeugte sich tief. Dann sagte er, den Blick zum Sarg gewandt: »Für mich warst du nicht nur skifahrerisch, sondern auch menschlich ein ganz Großer, ja, der Größte! In einer Zeit, wo Österreich und Frankreich medial als die großen skifahrerischen Gegner aufgebaut wurden, konnten wir völlig normal, freundlich und entspannt miteinander reden, ohne Kriegsgeheul! Du gabst mir sogar viele Tipps, die mir sicherlich auch halfen, 1968 drei olympische Goldmedaillen zu gewinnen. Ich danke dir!«

Und die Worte Toni Innauers, der, geboren am 1. April 1958, in einem Nachruf[7] dem »zum Bersten talentierten Kitzbühler« seine Hochachtung zollte, verraten, dass die Bewunderung für Toni Sailer nicht nur Länder und soziale Schichten, sondern auch Generationen überspringt:

»Toni blieb trotz seiner kurzen Karriere das Maß al-

---

[7] PROFIL, 31. August 2009

Abbildung 43: *Jean-Claude Killy, der zwölf Jahre nach Toni Sailer drei olympische Goldmedaillen errang, erweist ihm in Kitzbühel die letzte Ehre: »Für mich warst du der Größte!« (Foto Skiclub Kitzbühel)*

ler Dinge für jene, die ihre Spuren im Schnee hinterlassen wollten. Leichtigkeit und Freundlichkeit prägten den Stil dieser Sport-Ikone, und ich fühlte mich geadelt, als er mich – den um 23 Jahre Jüngeren – bei unserem ersten Treffen wie einen guten Kumpel ansprach.

Er begann auch rechtzeitig und wirksam zurückzuzahlen, was er dem Sport zu verdanken hatte. Als technischer Direktor des ÖSV (1972–1976), wo er in der Nationenwertung die verspielte Vorherrschaft von den Franzosen zurückgewann, und im Internationalen Skiverband, der FIS, wo er von 1993 bis zu seinem Tod Vorsitzender des FIS-Alpinkomitees war, gestaltete er das Erscheinungsbild des Alpinen Profirennsports mit dem untrüglichen Instinkt des großen Rennläufers mit.

Auch seinem letzten, unfair gesetzten Lauf gegen den Krebs stellte sich Toni Sailer optimistisch und mit dem beispielhaften Kampfgeist eines echten Champions. Wir müssen uns damit vertraut machen, dass auch der Größte nicht jedes Rennen gewinnen, aber mit vorbildlicher Würde vertrautlieren kann.«

Nachwort von Hedi Sailer

Seit dem 24. August 2009 lebe ich in tiefer Trauer um meinen Ehemann Toni. Es waren uns leider nicht viele Jahre gegeben, und einige davon lebten wir in Sorge um seine Gesundheit.

Es war schön, einem Menschen, der auf der ganzen Welt zu Hause war, ein Heim zu schaffen. Toni hat es sichtlich genossen, seinen Platz in meiner Familie zu finden. Am Ende seines erfolgreichen und bewegten Lebens konnte er Geborgenheit und stilles Glück erfahren.

Den langen und Kräfte raubenden Weg mit der Krankheit sind Toni und ich alleine gegangen. Doch in den dunkelsten Stunden hatten wir dennoch Menschen begleitend an unserer Seite:

Ich danke dem Pflegeteam der Universitätsklinik Innsbruck, Anichstraße MZA 4, Stock 4A, und dem behandelnden Oberarzt Dr. Toni Sandhofer. Zu Hause stand uns Dr. Christiane Schwendtner hilfreich zu Seite. Durch ihre Unterstützung konnten wir mehr Zeit zu Hause verbringen. Die letzten Stunden hat Toni gemeinsam mit mir, meinerTochter Martina und meinem Sohn Alex verbracht, so wie es Toni gewünscht hat. Vielen Dank an meine beiden Kinder!

Zum Abschluss möchte ich einige Gedanken schreiben, die Toni euch bestimmt gern mit auf euren Lebensweg gegeben hätte:

Ein Ziel haben, es konsequent verfolgen und es auf ehrlichem Wege aus eigener Kraft errreichen!

Eine Meinung haben und dazu stehen, auch wenn man manchmal als Vorreiter keine Unterstützung erfährt!

Ein Wegweiser der Gerechtigkeit sein, gepaart mit dem Verständnis gegenüber den Menschen in der jeweiligen Situation!

Ein wichtiges Motto in Tonis Leben war meiner Meinung nach: Stark sein, wenn es notwendig, und demütig, wenn es angebracht ist!

Anhang

Statistik der Renndaten

Startliste

A = Abfahrt ⋆ R = Riesenslalom ⋆ S = Slalom ⋆ K = Kombination

1946	
Kitzbühler Jugendskitag (10–12 Jahre)	Sieger im Sprunglauf und Kombination
1947	
Kitzbühler Jugendskitag	Abfahrtslauf 1.
Bezirksjugendskitag Kitzbühel	1. im zusammengesetzten Lauf
Kitzbühler Skispringen	1. im Sprunglauf
1948	
St. Johann in Tirol (12–14 Jahre)	1. Sieg in der Kombination
Kitzbühel: Sprunglauf	1. Sieg
Kitzbühel: Alpine Kombination	1. Sieg
Klubmeisterschaft Kitzbühel (allgemein)	15.
1949	
Kitzbühel: Eröffnungsspringen, Jug. II	2. Preis
Kitzbühel: Sprunglauf	1. Preis
Kitzbühel: Abfahrts- und Torlauf	1. Preis
Klubmeisterschaft Kitzbühel (allgemein)	5. Sieg
1950	
Tiroler Jugendskimeisterschaft, Brixen i. T.	Abfahrt 1., Slalom 1., Kombination 1.
Österr. Jugendmeisterschaft, Semmering	Abfahrt 1., Slalom 1., alpine Komb. 1., Dreierkombination Jugend I 1.
Plattenkogellauf, Waidring (allgemein)	1. Preis
Steinbergkogellauf	Allg. 3., Jugend 1.
Kitzsteinhornrennen, Kaprun	2. Sieg
Riesentorlauf, Kössen	Jugend 1.
Nachtslalom, Kitzbühel	Jugend 1.

	1951			
Bezirksjugendmeisterschaft K.S.C., Jgd. I, Kitzbühel				K Bezirksjugendm.
Tiroler Jugenskitag in Imst, Jugend I	A 1.	S 1.		K Sieger
Wintersporttag der Kaufmännischen Wirtschaftschule Schwaz, 2. Klasse	A 1.	S 1.		K 1. Preis
Österreichische Jugendmeisterschaft in Wattens	K1. I, 1. Rg. 1:35,9	Klasse I, 1.Rg., 63,45	Dreierkomb. K1. I, 1. Rg. 2,1	Alp. Komb. 1. Rang
Zinsbergrennen, Brixen im Tale, Jugend II			R 2., Jg. II	
Unterberglauf, S.K. Kössen			R 1. Preis Jugend II	
Torlauf in Hintermoos der Universitätsturnanstalt WIen, Jugendklasse			R Allg. 1.	K Sieger u. Tagesbestz.
Steinplattenkogellauf, S. V. Waidring			R. Allg. 1.	K Sieger Jugend II 1:34,4
Kasermandllauf, Seegrube			R Jgd. II, 1.	
Steinbergkogel			R Allg. 3.	
Nachtslalom, Kitzbühel			R Allg. 4.	

	1952			
Megève »Coup Emile Allais«	A 1.	S 3.		K 1.
Morzine, Grand Prix 1. Tag		S 9.	R 1.	K 6.
Morzine, Grand Prix 2. Tag		S 4.	R 1.	K 7.
l'Alpe d'Huez »Le Coupe Livacic«		S 16.	R 8.	K 1.
Barcelonette			R 1.	
Sierre Chevalier	A 3.			

Tiroler Jugendskimeisterschaft in Westendorf	A 2.	S 1.		K 1. (Jgd. II)	
Österr. Jugendskimeisterschaft in Bad Hofgastein	A 1.	S 1.		K 1.	Springen 5. Dreier-komb. 1.
Internationaler Riesenslalom Hirschkogel			R 1.		
Kasermandl-Riesentorlauf, Seegrube			R Allg. 2.	R Jgd. II 1.	
Internationales Drei-Länder-Treffen in Seefeld	A 1.	S 14.			
Plattenkogellauf, Waidring			R Jgd. II 1.	K Allg. 4.	
Steinbergkogellauf			R Allg. 1.		
Jugoslawien: Neukirchen			R 1.		
Zalovce			R 1.		
Plancia			R disqual.		
Montafoner Zwei-Pisten-Rennen	A 3.	S 7.	R 2.		
Zugspitzplattrennen			R Allg. 1.		
		1953			
Nizza		S 4.			
Cannes		Schwimmen 6.		K 4.	
		1954			
Lauberhornrennen, Wengen		S 38.			gestürzt!
Internationale Skiwoche in Montafon	A 6.	S 22.		K 11.	
FIS-Woche in Kitzbühel	A 6.	S 34.	R 9.	K 14.	
Tiroler Landesmeisterschaft in Kufstein	A 1.	S 3.		K 1.	

Österreichische Meisterschaft in Badgastein	A 6.	S 7.	R 1.	K 4.	
Cortina	A 3.	S 1.			
»Drei-Seilbahn-Rennen« in Sestriere	A 2.	S gest. 16.		K 4.	
Wallbergrennen	A 1.	S 6.			
Kandahar in Garmisch-Partenkirchen	A 3.	S gestürzt			
»Silberkugel«, Seefeld		S 2.	R 1.		
Nuria		S 2.	R 1.	K 1.	
Riesenslalom, Zürser See			R disqual.	Bestzeit	
Dreiriesrennen, Schneeberg		S 1. Rtl.4. S 2. Rtl.1.	R 3.	K 3.	
Nizza		S 1.		Schwimmen 18	
Cannes		Wasserski 6.	R Komb. 3.		
Plattenkogellauf, Waidring			R gest. 4.		
Zugspitzrennen			R 4.		
		1955			
Lauberhornrennen	A 1.	S 6.		K 1.	
Hahnenkammrennen, Kitzbühel	A 40.	S 11.		K 35., K Alp. 1	gestürzt!
FIS-Woche, Megève	A 1.	S 2.	R 12.	K Dreierkomb. 2.	
Grand Prix, Morzine		S gestürzt	R 1.		
Österreichische Meisterschaften in Semmering		S Allg. 4., S Jun. 2.	R Allg. 2., R Jun. 1.	K Jun. 1.	
Cortina	A 1.				
Tiroler Landesmeisterschaften in Solbad Hall	A 1.	S 1.		K 1.	
Chamonix	gestürzt!				

Canazei »Tre-Tre«, Marmolata		S 3. trotz Sturz	R 1.Rtl.1. R2. Rtl.2. R 14.	K 2.
Riesenslalom, Zürser See			gestürzt!	
Plattenkogellauf, Waidring			R 1.	
Dreiriesrennen, Schneeberg	A 2.	S 1.	R 3.	
Burschikpokal, Hochschneeberg	A 1.	S 1.	R 1.	
Glocknerrennen			R 1.	
		1956		
Lauberhornrennen, Wengen	A 1.	S 3.		K 2.
Hahnenkammrennen, Kitzbühel	A 1.	S 1.		K 1.
Tiroler Landesmeisterschaft in St. Johann i. T. (außer Konkurrenz)		S 1.		
VII. Olympische Winterspiele in Cortina	A 1.	S 1.	R 1.	K 1.

Olympia 1956 – Cortina d'Ampezzo (gleichzeitig WM)		*Abfahrt*
1. TONI SAILER	**Österreich**	**02:52,20**
2. Raymund Fellay	Schweiz	02:55,70
3. Anderl Molterer	Österreich	02:56,20
4. Roger Staub	Schweiz	02:57,10
5. Hans Peter Lanig	Deutschland	02:59,80

		Riesentorlauf
1. TONI SAILER	**Österreich**	**03:00,10**
2. Anderl Molterer	Österreich	03:06,30
3. Walter Schuster	Österreich	03:07,20
4. Adrien Duvillard	Frankreich	03:07,90
5. Charles Bozon	Frankreich	03:08,40

		Slalom
1. TONI SAILER	**Österreich**	**03:14,70**
2. Chiharu Igaya	Japan	03:18,70
3. Stig Sollander	Schweden	03:20,20
4. Joseph Brooks Dodge	USA	03:21,80
5. Georges Schneider	Schweiz	03:22,60

Olympia 1956 – Cortina d'Ampezzo (nur WM)		*Kombination*
1. TONI SAILER	**Österreich**	
2. Charles Bozon	Frankreich	
3. Stig Sollander	Schweden	
4. Asle Sjastad	Norwegen	
5. Gino Burrini	Italien	

WM 1958 in Bad Gastein

Abfahrt

1. TONI SAILER	**Österreich**	**02:28,50**
2. Roger Staub	Schweiz	02:30,50
3. Jean Vuarnet	Frankreich	02:32,30
4. Willi Forrer	Schweiz	02:32,70
5. Anderl Molterer	Österreich	02:32,80

Slalom

1. Josef Rieder	Österreich	01:55,10
2. TONI SAILER	**Österreich**	**01:55,80**
3. Chiharu Igaya	Japan	01:56,70
4. Buddy Werner	USA	01:58,80
5. Roger Staub	Schweiz	02:01,90

Riesentorlauf

1. TONI SAILER	**Österreich**	**01:48,80**
2. Josef Rieder	Österreich	01:52,60
3. Roger Staub	Schweiz	01:53,90
4. Francois Bonlieu	Frankreich	01:53,90
5. Buddy Werner	USA	01:54,50

Kombination

1. TONI SAILER	**Österreich**
2. Arnold Rieder	Italien
3. Roger Staub	Schweiz
4. Chiharu Igaya	Japan
5. Anderl Molterer	Österreich

Auszeichnungen

Großes Ehrenzeichen für Verdienste um die Republik Österreich (1956)
Österreichs Sportler des Jahres (1956, 1957 und 1958)
Olympischer Orden (1985)
Österreichs Sportler des Jahrhunderts (1999)
Schneekristall des Skisports (2009)

Filmographie

Der weiße Sieg (1956) (Original: Vertigine bianca)
Ein Stück vom Himmel (1958)
Der schwarze Blitz (1958)
Haus Vaterland (1959)
12 Mädchen und 1 Mann (1959)
Der König der Silbernen Berge (Original: Ginrei no ôja) (1960)
Kauf dir einen bunten Luftballon (1961)
Ein Stern fällt vom Himmel (1961)
Auf Wiedersehen am blauen Meer (1962)
Sein bester Freund (1962)
Samson und der Schatz der Inkas (1964)
Kympillä Tokioon (1964) TV-Serie
Das Blaue vom Himmel (1964) (TV)
Skifascination (1966)
Liebesspiel im Schnee (1966)
Luftsprünge: Die Abwerbung (1970) TV-Serie
Tante Trude aus Buxtehude (1971)
Verliebte Ferien in Tirol (1971)
Dalli Dalli (1977) TV-Serie
Die Leute von St. Benedikt (1993) TV-Serie
Da wo die Berge sind (2000) (TV)

Da wo die Liebe wohnt (2002) (TV)
The Olympic Series: Golden Moments 1920-2002 (2003)
SOKO Kitzbühel: Abfahrt in den Tod (2003) TV-Serie
Volle Kanne, Susanne (2006) TV-Serie

Training früher und heute (von Heinrich Bergmüller)

In den Fünfzigerjahren, als Toni Sailer sportliche Höhepunkte erlebte, kam man zum Skisport, weil man aus einem Skigebiet kam. Die Talente kristallisierten sich im Laufe der Jugend heraus, und das Konditionstraining spielte noch eine untergeordnete Rolle. Besonders im Sommer – die Zeit, in der heutzutage der Löwenanteil an Konditionstraining absolviert wird –, war es damals eher ruhig um die Pistenzauberer. Training begann meist erst im Spätsommer bzw. im Herbst, oft mit dem ersten Schneefall. Heutzutage startet die Vorbereitung Mitte April, Anfang Mai.

In den Neunzigerjahren und heute sieht es ganz anders aus. So kam Hermann Maier in seiner erfolgreichsten Zeit hochgerechnet auf fast 900 Konditionstrainingsstunden. Während in den Fünfzigern die Sportler heimlich trainierten, steht Training heute im Blickpunkt des medialen Interesses. Auch über das Konditionstraining will die Presse auf dem Laufenden gehalten werden.

Vergleichbar mit dem, was ein Läufer auf Schnee trainiert, und ich spreche hier von reiner Belastungsdauer – inklusive der Rennen, die er fährt –, nimmt das Konditionstraining den größten Teil der Trainingszeit in Anspruch.

Auf Schnee kratzt der Athlet noch nicht mal an der 50-

Stunden-Grenze, während endlose Stunden in den Aufbau und das Stabilisieren der Kondition investiert werden!

Das Konditionstraining entwickelte sich besonders in den letzten 20 Jahre rasant, und zwar sowohl aus medizinischer als auch aus sportwissenschaftlicher Sicht. Kraft, Ausdauer und Koordination waren immer große Themen, und es wurde in diversen Epochen auch maßlos mit den Belastungen, die man den Athleten auferlegte, übertrieben.

Anfang der Siebzigerjahre wurde über Honoré Bonnet, den ehemaligen französischen Cheftrainer, genannt Ski-Napoleon, berichtet, dass er den Rennläufern Jean-Claude Killy und Co. Steine in die Rucksäcke gelegt, und sie so durch die Berge gejagt hätte.

Auch das Bergablaufen, war sehr populär, forderte jedoch viele Opfer, da natürlich die Sportler ständig überlastet waren. Mit zunehmender medialer Popularität des Skisports – Fernsehübertragungen, Überseetrainingslager usw. – wurde auch das Training immer intensiver. Ich kann mich an Zeiten erinnern, wo Berichte von Trainingslagern über den Bildschirm flatterten, damit Fans das harte Training ihrer Lieblinge verfolgen konnten.

So manche Skifans waren dann enttäuscht, wenn ihre Liebkinder im Laufe des Winters gar nicht auf Touren kommen konnten.

Besonders in den Siebziger- bis Achtziger-Jahren wurde das Krafttraining, vor allem die Kraft-Ausdauer, sehr forciert und galt als das Steckenpferd vieler Trainer. Das war auch die Zeit, zu der sehr intensiv Ausdauer trainiert wurde. Intensive Dauerläufe, Bergaufläufe – vor allem Intervalltraining hieß das Zauberwort. So wurden Läufe von 10 × 400 m, 20 × 200 m und ähnliche Schindereien absolviert. Zirkeltraining war sehr beliebt, und das sogar in Trainingscamps, wo eigentlich der Schwerpunkt Skifahren war. Das alles spielte sich oft in Quartieren ab, die auf Seehöhen von über 2000 m lagen, was die ganze Sache nochmal intensiver werden ließ, als wenn es sich auf normaler Seehöhe abgespielt hätte. Stehvermögen war auch so ein Zauberwort.

Und auf diese Weise bauten die Österreicher den berühmt-berüchtigten Abfahrtssimulator. Er sollte abfahrtsähnliche Schläge simulieren. Auf diesem Gerät mussten die Rennläufer vor Beginn der Weltcup-Saison minutenlang ausharren. Bis sie fast vom Simulator fielen!

Manche Trainer waren sehr verwegen und rühmten sich sogar, wie ausgelaugt, wie »blau« die Läufer im Training wieder waren, weil Sie am Nachmittag – nach dem Schneetraining! – Hügelsprints absolvieren mussten, mit Pulsfrequenzen nahe der 200-Marke, um die Belastungen beim Skifahren zu simulieren. Solche Einheiten waren besonders vor Beginn der Weltcupsaison sehr gefragt.

Turnen war in der Geschichte des Skisports schon immer ein elementarer Bestandteil des Trainings, und sehr viele Rennläufer hätten ihre Karriere auch im Zirkus fortsetzen können.

Hans Enn, ein begnadetes Bewegungstalent, machte jederzeit – auch in Straßenschuhen – Saltos vorwärts und/oder rückwärts. Der große Schweiger aus dem Norden, Ingemar Stenmark, kam wiederum über Seiltanzfähigkeiten zu einer gewissen Popularität abseits der Piste.

Auch Mut-Training war Bestandteil des Konditionstrainings. Es gab Rennläufer, die Kräne bekletterten (David Zwilling). In meiner Zeit sprangen wir von der Jauntalbrücke. Die Trainer übrigens zuerst. Leo Stock war nicht schwindelfrei, und nach langem Zittern und Zaudern schaffte er den Sprung doch. Die Geschwindigkeit spielte ebenfalls immer eine größere Rolle, was so manchen zu Autorennen kommen ließ. Motorisch sind herausragende

Skiläufer absolute Ausnahmekönner und beherrschen nahezu jede Sportart.

Als ich mich Mitte der Siebzigerjahre, als ehemaliger Skirennläufer, Fußballer, Leichtathlet und Bobfahrer, mehr mit dem Skirennsport zu beschäftigen begann, fiel mir auf, dass das Ausdauertraining viel zu intensiv gestaltet und übertrieben wurde. Vor allem fand viel sinnloses Krafttraining statt.

Meine Kontakte zu Bert Sumser, einem der renommiertesten Leichtathletiktrainer von Größen wie Martin Lauer, Armin Harry, Erhard Keller u. v. m., kamen über die Leichtathletik zustande. Auch ich durfte mit ihm einige Einheiten trainieren. In den Siebzigern machte Bert Sumser mit den Thönis das Konditionstraining. Er gab mir wertvolle Tipps, vor allem bzgl. Ausdauer, Schnellkraft und Koordination (Skifahren ist Arbeit gegen Widerstände) in Richtung leichtathletischer Übungen.

Ich habe mir dann, 1987, als ich meinen Trainerposten beim ÖSV übernahm, ein Bild gemacht und festgestellt, dass bis dato in eine falsche Richtung trainiert worden war. Die Athleten waren schwerfällig, von einer allgemeinen Athletik und von Schnellkraft war wenig vorhanden. Ich hatte Athleten in meiner Gruppe, die nicht mal zwei Meter standweit springen konnten, die kein Seil hinaufklettern konnten, und sogar Nichtschwimmer hatte ich in meiner Gruppe.

Damals nahm ich sehr viel Intensität aus dem Training, versuchte, die Koordination zu forcieren, und begann auch auf die gesamte athletische Körperausbildung großen Wert zu legen. Ich hatte das Ideal des vielseitigen 10-Kämpfers im Hinterkopf. Zurückblickend habe auch ich damals noch viel zu intensiv trainiert. Radtouren bis zu 150 km, Einzelzeitbergfahrten und anderer Wahnsinn verhalfen mir zu dem unschönen, mittlerweile legendären Spitznamen »Schinderheini« oder »Murksmüller«.

Dank Professor Ernst Raas, einem großen Pionier in der Sportmedizin Alpiner Rennläufer, der sehr kooperativ war und mir viel Einblick gewährte in die Leistungsdiagnostik der Alpinen, durfte ich mir sämtliche Leistungsdaten der Rennläufer, die in der Historie erfolgreich gewesen waren, kopieren und konnte diese studieren. Ich begann damals, mich anhand dieser Daten mit Laktat zu beschäftigen. Es gab Auffälligkeiten in der Relation zwischen den gemessenen Laktatwerten, aber vor allem im Abbau der Sauerstoffschuld und den Leistungen, die die Rennläufer erbrachten.

Obwohl man damals bereits zweimal jährlich Leistungsdiagnostiken (Fahrradergometrien) machte, war mir das zu wenig, und ich setzte mich sehr dafür ein, dass die Untersuchungen verstärkt durchgeführt wurden. So forderte ich, dass Untersuchungen während des Lauftrainings und vermehrt Laboruntersuchungen durchgeführt wurden. Ich suchte nach Wegen, Mitteln und Methoden, um das Skikonditionstraining zu optimieren. Ende 1980 fand ich in Kurt Hoch einen kongenialen Partner, was Ski- und Konditionstraining betraf. Wir kamen damals zu dem Schluss, dass in den Trainingsphasen, in denen Ski gefahren wird, Konditionstraining nur regenerativ (Schwerpunkt regeneratives Ausdauertraining, Koordination, Gymnastik und Rumpfkräftigung) eingesetzt werden darf.

Ich begann mich in der Folge mehr und mehr mit Stoffwechselphysiologie und Lakat zu beschäftigen. Gemeinsam mit der Universität Wien führten wir aufwendige Stoffwechseluntersuchungen durch; Untersuchungen, die uns so manches Rätsel aufgaben.

Anfang der Neunzigerjahre kam ich – wieder über

Kontakte aus der Leichtathletik – mit meinen Athleten in eine Freiburger Klinik. Dort hatte ich die Möglichkeit, viele Parameter zu untersuchen. Damals machte ich die ersten Feldlaktattests, beim Krafttraining und beim Ausdauertraining.

Wir trieben damals einen riesigen Aufwand, schleppten zum Beispiel zu den Trainingscamps und den Weltcuprennen (sogar ins Startgelände) Sauerstoff mit, den wir den Rennläufern zum Atmen gaben. Neben den immer aufwendiger werdenden individuellen Trainingsprogrammen wurden auch Ernährungspläne geschrieben, ausführliche Laboruntersuchungen wurden ebenfalls Standard.

Schon Ende der Achtzigerjahre hatte ich auch die Idee, ein Trainingszentrum aufzubauen, wo die Sportler rund um die Uhr entsprechend betreut werden konnten. Zu jener Zeit lernte ich Dr. Bernd Pansold kennen, der mich in meinem Ansatz bestätigte: Leistungsdiagnostiken müssten in jeder Trainingsphase (in der Vorbereitung alle vier Wochen) durchgeführt werden. Ebenso müsste Ausdauer- oder auch Krafttraining durch trainingssteuernde Maßnahmen, wie der Kontrolle von Laktat, Blutgas, Ammoniak, Harnstoff, Creatinkinase usw., auf seine Wirksamkeit überprüft werden.

In den Sommercamps wurde täglich morgens durch eine Laboruntersuchung der körperliche Zustand der Rennläufer hinterfragt. So manchem wurde eine Trainingspause verordnet.

In Obertauern konnte ein System, bestehend aus Diagnostik, Trainingssteuerung und Trainingsmethodik, nahezu perfekt umgesetzt werden. Durch diese Methoden war es möglich, sämtliche Trainingsabschnitte exakt zu planen und umzusetzen, die Sportler mit Beginn der Saison auf ihr körperlich höchstes Niveau zu bringen und dieses auch über die gesamte Saison zu halten.

Mitte der Neunzigerjahre gewann die Grundlagenausdauer enorm an Bedeutung, dies vor allem auch aus regenerativer Sicht. Der Trainingsumfang wurde deutlich erhöht. In diesen Jahren steigerte sich das Gesamttrainingspensum der Sportler um ca. 50%. In früheren Jahren vertrat man die Ansicht, dass man im Konditionstraining sehr laktazid trainieren müsste, um den Belastungen des Wettkampfes standzuhalten.

Die Erkenntnis kam, dass Skifahren die Kondition kaputt macht und dass das Training aus einer anderen Perspektive zu betrachten ist. So wurden in diesen Jahren sogar am Heiligen Abend bei den Sportlern Leistungsdiagnostiken durchgeführt. Die Diagnostiken in dieser Pause gaben Auskunft darüber, wie stabil die Grundlagenausdauer der Athleten war, bzw. ob man durch Erhöhung des Trainingsumfanges gegensteuern müsse.

Ich erinnere mich noch gerne an das Beispiel mit Mario Reiter, der zu Weihnachten völlig aus der Form war und zum Troubleshooting zu mir nach Obertauern kam. Ich startete damals über die Weihnachtsfeiertage mit ihm ein umfangreiches Ausdauerrehabprogramm und prophezeite, dass er bis Mitte/Ende Januar in Form kommen würde. Mario gewann damals in Kitzbühel den Slalom!

Durch das neue Carving-Skimaterial wurde das Skifahren viel intensiver. In der alten Technik war durch das Umsteigen (Hoch- und Tiefbewegung!) eine wesentliche Entlastung der Beinmuskulatur gegeben. Durch das Carven wurde der statische Anteil beträchtlich höher, und durch die engeren Radien stieg die Intensität deutlich. So konnte ich 1997 beim Nachtslalom in Schladming Laktatspitzenwerte von 10 mmol/l messen. Zehn Jahre später waren es Werte in Richtung 20 mmol/l!

Hermann Maier war das Paradebeispiel, an dem in Perfektion mein Konzept der Diagnostik, Trainingssteuerung und Trainingsmethodik umgesetzt wurde. Hermann sagte oft, er sei ein Versuchskaninchen gewesen. Aber die Rechnung ging vor allem für das Kaninchen voll auf.

Es war alles so perfektioniert, dass wir z. B. nach einem Überseetrip auf den Zeitpunkt genau im Labor und am Ergometer sämtliche Leistungsdaten abrufen und über die Jahre vergleichen konnten. Man konnte dann auch sofort entsprechende Maßnahmen treffen, wenn etwas nicht im Lot war.

Michi Walchhofer war ein herausragendes Beispiel: Im Frühjahr 1998 stellte sich heraus, dass er diagnostisch ein mäßiger Fußgänger war. Im drohte das Karriereende. Mit Riesenaufwand verbesserte er sein körperliches Niveau erheblich, was schließlich zu seinem Durchbruch führte.

Wir begannen für die Rennläufer Umstellungspläne zu schreiben, um den Jetlag in den Griff zu kriegen. Das machte es möglich, dass Hermann Maier am Rennvortag nach Japan anreiste, am Renntag das Rennen überlegen gewann, und dann noch am selben Tag nach Amerika weiterreisen konnte.

Die kurzen Pausen zwischen den Rennen wurden perfekt genutzt, um die Regeneration zu beschleunigen. Unzählige individuelle physiologische Vergleichsdaten unterstützten die Maßnahmen bei deren Umsetzung. Speziell bei Trainingslagern oder Wettkämfen in extremen Höhen radelten die Sportler zusätzlich mit Sauerstoff.

In dieser Zeit machte ich auch auf Schnee viele Laktat- und Laboruntersuchungen, welche vom Herrenchef Toni Giger bzw. von Dr. Brigitte Auer übernommen wurden. Die Trainingssteuerung hielt auch im Techniktraining Einzug, um die Intensität zu prüfen und Pausengestaltung zu optimieren. Es gab Zeiten, in denen Sportler im Jahr auf bis zu 1500 Laktatkontrollen und 10–15 Leistungsdiagnostiken kamen.

Das Know-how, welches wir am Olympiastützpunkt erarbeiteten, wurde von dort in viele Nationen getragen, da das Zentrum Skiläufern aller Nationen zugänglich war. Mit den Schweden wurde eng kooperiert, auch die schwedischen Olympia-Mannschaftsärzte absolvierten am Stützpunkt ein Praktikum. Die Schweden starteten übrigens im Hinblick auf die WM in Aare ein recht umfangreiches Konzept, das bis zu Muskelbiopsien ging.

Auch auf dem Materialsektor hat sich der Skisport enorm weiterentwickelt. So haben Spitzenläufer bis zu 100 Paar Ski sowie einen eigenen Servicemann. Jede Firma hat ihr Testteam, das permanent vor den Rennen die Skier parallel der Rennstrecke unter den jeweiligen Bedingungen testet.

Mit aufwendigsten Video- und Biomechanikanalysen wird herumprobiert, um noch schneller zu sein. Es wird viel an Schuhen herumgetüftelt, viele Läufer lassen sich Spezialschuhe bauen, mit einem speziellen Verfahren werden die Aufkantwinkel gemessen. Mit einer Spezialsohle im Schuh kann die Druckverteilung gemessen werden.

In erfolgreichen Mannschaften kommen fast drei Betreuer auf einen Rennläufer, und fast jede Mannschaft hat neben den Skitrainern einen Konditionstrainer, einen eigenen Masseur und Physiotherapeuten. Bei den diversen Trainings auf Schnee und im Rennen ist immer ein Arzt anwesend. Zu Trainingslagern oder Großveranstaltungen werden eigene Köche mitgenommen. Viele erfolgreiche Läufer bauen sich ein eigenes Betreuerumfeld auf, um alle Bereiche abzudecken. Auch Videoexperten und Mentaltrainer sind keine Ausnahme bei diversen Teams. Viele Spitzenläufer suchen sich Fachleute ihres Vertrauens: Konditionstrainer, Ärzte, Physiotherapeuten, Energetiker, Mentaltrainer und Manager.

In der Geschichte des Skirennsports gab es enorme

Entwicklungen, vor allem hat man den regenerativen Aspekt erkannt. Aktiv Regenerieren besteht nicht nur aus Herumliegen und Massiertwerden, sondern auch aus richtigem, moderatem Training. Hermann Maier wurde belächelt, weil er sein Ergometer um die Welt geschleppt hat, inzwischen ist kaum mehr ein Rennläufer ohne Ergometer unterwegs.

Quellennachweis

Sigi Bergmann dankt an dieser Stelle folgenden Personen für ihre Unterstützung:

Hans Adrowitzer: Salzburger Nachrichten, Berichterstattung über die Ski WM 1958, Brigitte Abeida, Stadttheater Luzern, Barbara Thaler, Skiclub Kitzbühel, Magister Otto Schwald, Skistatistik, Ewald Wukovits, Stefan Raynova-Lintl, Kurier-Archiv für Cortina 1956 und Bad Gastein 1958, sowie Heinrich Bergmüller für seinen Bericht: *Training früher und heute*, der im Kapitel »Der Galileo Galilei vom Hahnenkamm« verwendet wurde und als Anhang diesem Buch beigegeben ist.

Tonbandaufzeichnungen

Gesprächsprotokolle von Gesprächen mit Toni Sailer, Hedi Sailer, Rudi Sailer, Rosl Hofreiter Heinrich Bergmüller, Univ.-Doz. Dr. Roland Domenig, Ernst Hinterseer, Annemarie Moser-Pröll, Franz Klammer, Anton Innauer u. v. a.

Bücher

Deutsche Olympische Gesellschaft (Hg.): Die VII. Olympischen Winterspiele 1956. Cortina D'Ampezzo. Das offizielle Standardwerk des NOK. Stuttgart, Olympischer Sport Vlg., 1956.

Sophie Leonhartsberger: Der Einfluss Österreichs auf die Entwicklung des japanischen Skisports am Beispiel des Schirennläufers Toni Sailer. Diplomarbeit, Wien 2007

Matthias Marschik/Georg Spittaler: Helden und Idole. Sportstars in Österreich. Innsbruck 2006

Hermann Nussbaumer: Sieg auf weißen Pisten. Eine Geschichte des alpinen Skisports. München 1963

Österreichischer Skiverband (Hg.), Österreichische Skistars von A–Z. Zusammengetragen von Otto Schwald. Innsbruck 2008

Karl Pointner, Chris Karl, Egon Theiner, Die goldenen Sechs. Österreichs Abfahrts-Olympiasieger, Wien 2005

Toni Sailer, Mein Weg zum dreifachen Olympiasieg. Salzburg (o. J.) Johann Skocek: Sportgrößen der Nation. Der Aufstieg des Österreichers vom Helden zum ewigen Verlierer. Bad Sauerbrunn 1994 VII. Olympische Winterspiele in Cortina 1956. Olympia Edition München

Zeitungen und Zeitschriften

Rudolf Müllner, Skirennläufer als Heimatmacher. Spectrum 17, Heft 1, 2005 Arbeiter-Zeitung
Falter. Wiener Stadtzeitung
Kronen Zeitung
Kurier
News
Profil
stern
Züricher Sport

Illustrationen

Für die Genehmigung zum Abdruck und die Überlassung der Illustrationen danken wir folgenden Archiven und Personen (einzelne Quellenvermerke siehe bitte jeweils in den Bildlegenden):

Agentur Votava
Foto Sündhofer
Bettina Schaffara
Hedi Sailer
Luzerner Theater
Murnau Stiftung
Pia Duesmann
Sigi Bergmann
Skiclub Kitzbühel
Waltraud Haas

Wir bitten um Verständnis dafür, dass es trotz intensiver Recherchen nicht gelungen ist, bis zur Drucklegung dieses Buches alle Copyright-Inhaber der Illustrationen ausfindig zu machen. Selbstverständlich werden wir gegebenenfalls die entsprechenden Erfordernisse nachholen!